企鹅人生

PENGUIN
LIVES

猫 王

〔美〕鲍比·安·梅森 著

谢仲伟 译

Elvis Presley

生活・讀書・新知 三联书店

致 罗杰

目 录

引 言　　　　　　　　1

奇　迹　　　　　　　7
图珀洛　　　　　　　13
太阳录音室　　　　　31
创造埃尔维斯　　　　47
"上校"帕克　　　　　61
功成名就　　　　　　69
奥杜邦路　　　　　　81
七月的朱恩　　　　　89
转　变　　　　　　　101
格拉迪丝　　　　　　117

在德国	129
一个孤独的年轻人	141
披头士乐队	155
"好莱怪"	163
探 寻	175
"飞舞的G环"农场	185
"复出特别表演"	195
拉斯韦加斯	207
"神奇队长"去了华盛顿	219
迷 失	229
寂寞大街的尽头	241
致 谢	259
资料索引	265

引 言

1977年8月16日,当听到音乐巨星埃尔维斯·普雷斯利(Elvis Presley)去世的消息时,我正在加拿大的新斯科舍省(Nova Scotia)度假。当时,小旅馆休息室的电视播报了这则新闻。我倍感震惊,一时间手足无措,说不出话来。旅馆的酒保则回忆起奥迪·墨菲(Audie Murphy)去世时的情景,他是他们那一代人眼中的战斗英雄。忽然之间,我有了离家万里的感觉。尽管近来我并未时常思考有关埃尔维斯的事情,但现在我意识到,他的去世使美国文化版图上出现了一个巨大的缺口。埃尔维斯一直都在那里,在美国人心中徘徊。他的一生似乎就是我们所处时代的注脚:他在"艾德·苏利文秀"(The Ed Sullivan Show)里的表演,他的第一部电影,他母亲的去世,他的从军与婚姻,还有他在1968年的"复出特别表演"。这让人很难相信,埃尔维斯在四十二岁的壮年，已魂归天国。

对我来说，埃尔维斯是一种很个人化的存在——一个南方人，有时候甚至像是一个邻居。很早的时候，我就在孟菲斯无线电台节目中知道了埃尔维斯。开始的时候，很多父母都觉得埃尔维斯的音乐有一种危险的挑衅，因为他的舞蹈动作有些猥琐，充满性暗示。但当我的家人在"艾德·苏利文秀"上看到埃尔维斯演唱《准备好的泰迪熊》（"Ready Teddy"）时，我父亲不禁感叹："这孩子真棒！"接下来的许多年，我们都会在深夜聆听收音机里传来的节奏布鲁斯，然后很快就明白了"埃尔维斯"究竟意味着什么。我们曾经听过"大小子"亚瑟·克鲁德普（Arthur "Big Boy" Crudup），也听过小朱尼亚·帕克（Little Junior Parker）、"大块头"比尔·布鲁兹尼（Big Bill Broonzy）、维诺尼·哈里斯（Wynonie Harris）、艾尔莫·詹姆斯（Elmore James）。白天的时候，我们会收听爵士乐、流行歌曲、乡村音乐、歌剧以及所有能够找到的音乐频道。周日的时候，我们会在教堂里跟教徒合唱，听到了大量的福音歌曲，特别是"黑森林兄弟"（Blackwood Brothers）乐队，他们对埃尔维斯产生过很大的影响。埃尔维斯也享受过类似的、由经验丰富的电台流行音乐节目主持人编排的音乐盛宴，所以，当他以令人惊叹的、富有特质的演唱风格出现的时候，我们能发现其中的渊源。

埃尔维斯如此杰出，如此为人熟悉，而且他是属于我们的！我已经记不起他曾经引发的广泛争论，因为他做的一切都如此自然、如此真实。他是我们中的一员，一个说着同样语言的乡下孩子。所以，我们很难理解他的音乐是如何给整个世界带来了革命性颠覆的。直到许多年之后，我们才意识到，埃尔维斯如何为美国文化点燃了真正的革命之火。

但现在，摇滚音乐之王已经死去。我的两个作家朋友一听到他去世的消息，就立刻放下手头所有的事情，赶到埃尔维斯在孟菲斯的家"雅园"（Graceland），与从四面八方赶来的众多歌迷一起缅怀。其中一位朋友偷偷在"雅园"摘下一朵玫瑰，将其裱在相框里，直到现在相框还挂在墙上。另一位朋友则找到一份埃尔维斯去世次日出刊的报纸——埃尔维斯经常读的报纸。在许多不同圈子里都被看重的埃尔维斯，激发了一种"相关"的强烈需求。许多人都深受他的影响。在埃尔维斯死后，整个世界都在讲述他的故事：他的生活彻头彻尾地孤独，他竭力想要缓解痛苦与悲伤。这种讲述是悲伤的，甚至是令人不舒服的，很难让人接受。到了20世纪80年代，这种悲伤的基调被一种神经质式的国民调侃取代。埃尔维斯曾是美国人生活的一部分，而现在的人们大概不知道该如何看待这位曾经的巨星。埃尔维斯曾被嘲笑过，甚至被愚弄为一个身穿亮片紧身衣的漫画形象。1992年，邮政局曾经就新埃尔维斯邮票票面发起一轮投票，引发了一场争论：在年轻、帅气的埃尔维斯与年老、装扮奢华的埃尔维斯之间做出选择。当然，我们要选帅气的那一个。

还有些人不相信他已经去世的消息，《目击者》（Sightings）就曾经报道过这样的新闻。他成了美国文化的晴雨表，一种类似于"乡下人的神明"的存在。如生前一样，埃尔维斯既受敬仰，也遭谩骂。1980年，市面上出现了一本极下流的传记，将埃尔维斯描述为有着粗野癖好和扭曲灵魂的乡巴佬，还说他对美国音乐文化毫无贡献。这种毫无根据的人格诋毁自然助长了80年代美国国民对他的调侃。许多人或许更愿意将埃尔维斯简化为一种符号，因为他会让这些人感到不舒服。有些人将他视为一种"黑暗力量"，一种来自底层社会的粗糙生物；

对另一些人而言，他则是"纯真无邪"的代表，而对"纯真无邪"的破坏则是令人无法忍受的。或许，开他的玩笑，比如把他扭曲为一个肥胖、嗜药、胃口巨大的乡下人，在减轻人们罪恶感的同时，也为不去真正了解他找到了理由。到了90年代，社会上开始出现许多重新审视埃尔维斯的现象。彼得·古拉尔尼克（Peter Guralnick）写的翔实的两卷本传记，挽回了埃尔维斯的声誉，也让人们重新审视他的音乐。古拉尔尼克将埃尔维斯的一生称为"美国式悲剧"，对其充满同情。

在埃尔维斯去世的几个月后，我拜访了他的出生地——位于密西西比州图珀洛（Tupelo）的只有两个房间的小房子。现在它成了一个博物馆，装饰得好像埃尔维斯曾住过的样子。那里有从跳蚤市场买来的古董家饰，如耶稣像、心形的针垫、洗衣盆、搓板、碗橱、煤油灯以及大萧条时期免费得来的盘子。但真正引起我注意的，是一张泛光的海报，光粉喷洒在油毡纸上，显现出耶稣的形象，旁边还附有《圣经》里的诗歌。这还是我小时候在教堂里见过的东西，已经很多年没看到过了。这张海报引发了我一种强烈的记忆：这伪造的遗迹，是一种对成为超级巨星的那个纯真无邪、信仰宗教的摇滚艺术家的追忆。在海报的光粉中,你可以想象那身闪光的紧身衣。这曾经在南方如此普遍的泛光圣像海报,令如今毫无生气的世界多了一些色彩。而就是这些色彩,孕育了无限的希望。

奇迹

埃尔维斯·普雷斯利的出现，似乎无迹可循。他在20世纪50年代的出现如此突然，他的音乐如此新奇，他的个性如此具有感染力，人们甚至无法给他贴一个合适的标签。人们为他疯狂，在此之前，还从未出现过类似的全民狂热。十多岁少年的疯狂是因为兴奋，父母们的疯狂则是因为埃尔维斯一目了然的性感让他们心生担忧。女孩儿们拆了他的汽车，扯烂他的衣服，她们已经准备好要接受摇滚乐的洗礼。埃尔维斯的名声大噪成为令人惊叹的美国现象，整个国家都受其影响。著名电视节目"艾德·苏利文秀"的主持人艾德·苏利文（Ed Sullivan）最早发现了埃尔维斯的惊人之处，他声称"就算是借助十英尺长的杆子，你也无法接近他"。而南方以外的地区，人们发现他有一种令人害怕的粗野——他是一个来自落后保守地区的乡下人。他的音乐与节奏布鲁斯有着明显的关联，而且有黑人音乐的背景。在他的音乐中，人们听到了源自原始丛林的节奏，充满了野性的蛊惑。

另一方面，埃尔维斯以对自由、解放和救赎的承诺吸引了边缘群体；他热衷于来自东方的阴阳平衡说；他将人们带到绝境边缘，又将他们带回来；他以自己惊人的歌唱天赋，将美国流行音乐的各种流派融合在一起，形成一种抗争性的声音;跟瓦尔特·惠特曼(Walt Whitman)一样,他博采众长;他自成如此特别的一派,注定会成为大众偶像;他挑战人们个人表达和身体的禁忌;他的出现,令电视广播第一次感受到风险和威胁。摇滚乐已经酝酿了许多年,但摇滚乐的真正定义者,只能是埃尔维斯。

尽管他极具争议性,但他从一开始就获得了巨大的名气与人气,在接下来的许多年里,他在美国文化中的地位逐渐树立起来。他曾有十八首冠军单曲,仅他的《百万销量金选专辑》就售出了一百万张。他第一次上"艾德·苏利文秀"时,有五千四百万人守候在电视机前,人数占当时全部电视观众的82.6%。1956年,他成为全美明星偶像,同时跻身百万富翁之列,美国《公告牌》(Billboard)排行榜前一百名的歌曲中,他一人独占十首,创造了新的纪录。从地域明星到全美偶像再到好莱坞,所有的一切都发生在弹指之间。他是奇迹小子,既受人欢迎又充满威胁,他的天赋超越了人们的认知。埃尔维斯开创的音乐旅程,将主宰剩下的半个世纪。那是青少年文化的开始,孩子们开始拥有自己的唱片机和收音机。那是性压抑分崩离析的前兆,也是种族隔离的终点。

埃尔维斯的成功,加上摇滚音乐革命,打破了20世纪50年代的平静与和谐。美国人当时正怀着对苏维埃政权和氢弹的恐惧,在艾森豪威尔的保守政策中日渐消沉,他们如此迫切地需要一些愉悦轻松的东西。但同时,种族问题正逐渐走向白热化。1954年,埃尔维斯发表第一张唱片的前几周,美国最高法院刚刚裁决了"布朗诉托皮卡教育局案"①(Brown V. Board of Education of Topeka)。那正是奇迹发生的时刻,就像是世界自然整合的结果。黑人音乐家颂扬埃尔维斯,因为是他把黑人音乐带入商业领域。《百果糖》("Tutti Frutti")的演唱者、嗓音极具特色的小理查德说:"感谢上帝创造了埃尔维斯·普雷斯利。感谢主让埃尔维斯打开了这扇门,使我可以在音乐的路上走下去,你明白吗?"

后来,"黑豹党"(Black Panther)②领袖埃尔德里奇·克里夫(Eldridge Cleaver)在《冰上灵魂》(*Soul on Ice*)中称赞埃尔维斯点燃了20世纪60年代的革命之火。普雷

---

① 布朗诉托皮卡教育局案,是美国历史上一件意义重大的诉讼案。它对黑人和白人是否能够一起或分开接受教育的问题做出最终裁决。1954年5月17日,美国最高法院的判决终止了美国社会中存在已久的,黑人和白人必须分别就读于不同公立学校的种族隔离现象。同时,本案之后的数年中,美国逐渐废止一切有关种族隔离的措施。——编者注
② 黑豹党,由非裔美国人组成的团体,旨在促进美国黑人民权运动。——编者注

斯利"敢于在'人'的层面上与黑人来往,而长久以来在美国,这种来往只能偷偷摸摸进行"。

流行音乐开始挑战人们惯常的喜好,带有节奏感的音乐开始成为主流,如杰瑞·李·刘易斯(Jerry Lee Lewis)的《洛塔·夏金的一切》("Whole Lotta Shakin' Goin' On")和巴迪·霍利(Buddy Holly)的《就是那一天》("That'll Be the Day")。因为埃尔维斯在舞台上极具性暗示的舞蹈动作,人们给他起了"骨盆埃尔维斯"的绰号,这让他大为尴尬,因为人们严苛地责难他的"淫荡"与"糜烂"。还有一篇文章称他为"上了发条的歌手"。他说,自己的舞蹈动作没有任何下流的意思,那不过是他自己放松和情绪的自然流露。他稍显腼腆的唇部曲线,在表演中扮鬼脸、插科打诨的习惯提醒着我们,看待他无须太过严苛。埃尔维斯一直自嘲自己的装扮,甚至承认自己的成名有些荒谬。

然而,明星的光环还是影响了他的表现,他的行为总是有些不自然,甚至是自我贬低的。每个明星,不管名声大小,开始总会有些迷茫,但埃尔维斯却是独一无二的。在整个人类历史上,很少有人能在一夜之间如此功成名就、产生这样深远的影响,也很少有人像他那样,几乎没做什么准备就要开始应对一切。我非常好奇,他是如何承受所有压力的呢?

在思考是否有人也曾经历过这样突如其来的举世闻名时,我唯一能想到的就是首次登月的宇航员们。有超过二十亿人观看了人类迈向月球的第一步。这跟1973年收看埃尔维斯第一次卫星电视直播秀"来自夏威夷的问候"(Aloha from Hawaii)的十五亿人差不多。

埃尔维斯的成名有很多偶然的因素,但又不全是偶然,不过这的确超出了他所能想象的范围。他是一个梦想家,期待成名。他想成为大人物。他看过很多电影,听过很多音乐,他知道自己的梦想在好莱坞,在纽约,而不在孟菲斯,更不在图珀洛。他所渴望的让他力不从心,而他的名声又给他当头一击。尽管埃尔维斯在自己的人生道路上迈出了一大步,但随后,整个世界都跳到了他的身上,扯着他的双腿,就像是在把玩一个手摇曲柄钻。

我们那个时代的英雄要接受的考验,是他应对名声的能力。埃尔维斯的个人故事,展现了他的个人身份与作为"摇滚之王"的公共形象之间的对抗。他一直竭尽全力地试图成为自己心中的"超级英雄",这正是他人生悲剧的真正起源。

图珀洛

普雷斯利一家住在密西西比州图珀洛东部的乡村，图珀洛的铁轨穿过这个小村子。他们家附近是一些狭窄的街道和土路。他们在勉强维生的同时，也在努力寻找一些生活的乐趣。在我的想象中，埃尔维斯的父母——弗农（Vernon）和格拉迪丝（Gladys），是一对自得其乐的夫妻，开开玩笑、打打牌、喝喝啤酒、跳跳舞或许就是他们的生活。他们喜欢音乐，也喜欢在教堂里唱歌。他们私奔的时候，弗农还只是个十七岁的未成年人，甚至办理结婚证的三美元还是借来的。那时，格拉迪丝也只有二十一岁。有关记录显示，他们俩后来都更改过自己的年龄。

格拉迪丝既美丽又苗条，对舞蹈十分狂热。在伊莲恩·邓迪（Elaine Dundy）的传记《埃尔维斯和格拉迪丝》（*Elvis and Gladys*）中，邻居眼中的格拉迪丝跳巴克舞跳得很好。巴克舞是一种美式踢踏舞，跳的时候，舞者会闭上眼睛，放松自己的身体直到看起来臀部像要掉下来一样，他们总是以一种令人惊讶的放松状态来旋转、舞动。有时候，人们会恍惚觉得有一股来自地下的神秘力量侵入了舞者的身体。格拉迪丝有着茂密的黑发（源自她的彻罗基族祖先莫宁·德夫·怀特），慵懒又性感，或许跟威廉·福克纳（William Faulkner）在《哈姆雷特》(*The Hamlet*) 中描述的乌拉·瓦纳（Eule Varner）有些相像。当格拉迪丝还很年轻的时候，她像瓦纳一样，似乎中了昏睡和易疲劳的巫术。在密西西比的溽热中，她潜藏的性感蠢蠢欲动。

1956年，当邻居和亲戚们在电视上看到埃尔维斯的舞蹈时，他们都回想起了格拉迪丝当年的舞姿，然后感叹道："埃尔维斯不愧是格拉迪丝的孩子。"

弗农有着迷人的双眼，长得很好看。他很穷，真的很穷，甚至连个尿壶都没有。弗农一直好吃懒做，但"大萧条"到来之后，他还是做了所有可以找到的工作。格拉迪丝来自一个大家庭，父亲是佃农，母亲是一个结核病患者。终其一生，格拉迪丝都在努力工作，种田、缝缝补补。20世纪30年代末40年代初，她在一家成衣厂工作，计件取酬。尽管她每天努力工作十二个小时只能赚到两美元，但在图珀洛的工作让她拥有了自立的机会、社交生活和冒险精神。

他们始于1933年的婚姻，显然是冲动的后果。弗农是令人难以抗拒的，但他几乎没有什么可以给予格拉迪丝。他太年轻了，甚至都来不及证明自己，而时代的艰难更是前所未有。况且，他处于社会的最底层，尽管学过木匠，但除了普通的手工劳作，他几乎找不到什么工作机会。在那个年代，像弗农一样的年轻人可以为任何可能的机会努力拼搏，但最终还是会一无所获。

1935年，埃尔维斯出生的时候，弗农正在做送奶工。他一无所有，只能为别人工作，如为谷物和豌豆播种、锄地之类。他们那些人都是农民，但没有自己的土地。那时在南方农村，拥有土地的人已算得上是中产阶级，即使这些人没什么财富，也是靠天吃饭，依靠农作物和牲畜维持生计；对于普雷斯利这样的家庭而言，生活显得更加艰难。他们生活在一个狭小、贫穷的世界中，家人既是恩赐，也是负担。结婚之后，格拉迪丝时不时地就要求助于邻居和亲戚以度过艰难的日子。有些时候，她只能依靠政府的救济过活，这让她觉得很羞愧。

埃尔维斯出生在一座新建的"散弹枪式"的房子里，房子是弗农和他的兄弟韦斯特借钱盖的，但建房的地皮仍属于别人。所谓的"散弹枪式"，原是非洲人的建筑样式，很简单，在当地也很流行。房子南北通透，便于两个房间的通风（一颗子弹可以毫无障碍地由前厅穿后屋，便是这种房屋名称的由来）。格拉迪丝是在一个小棚屋里长大的,所以尽管在别人的眼中这座"散弹枪式"的新房十分简陋,但对她而言这实际上是一个宽敞而且充满爱意的家。格拉迪丝是一个灵巧、爱干净的女主人,因为有了自己的房子而倍感高兴,而且这房子还有柴炉和外置的厕所。

1935年1月8日凌晨四点,杰西·加伦出生了,但却是个死胎;四点三十五分,埃尔维斯·亚伦出生了。作为双胞胎的幸存者,埃尔维斯深受家人喜爱与呵护,但那个死去的婴儿一直活在普雷斯利家人的心中。格拉迪丝相信,埃尔维斯身上集合了两个孩子的力量。但对埃尔维斯而言,随着年龄渐长,就好像有一半的自己缺失了似的。他很内疚,甚至想象在母亲子宫中,是不是因为自己才导致哥哥窒息而死,后来他又想象死去的哥哥是否也有与自己一样的天赋。因为死去的孩子以及无法再生育的现实,格拉迪丝将所有的母爱都倾注在埃尔维斯的身上。她纵容他、宠爱他,也招致了"溺爱是祸害"的风言风语。埃尔维斯也总是黏着母亲,格拉迪丝拾棉花的时候,他会牵着母亲的麻袋一角跟在后面。他很早就意识到了父母的困境,从小就立下了让父母摆脱穷苦的志向。还只是个小孩子的时候,埃尔维斯就向母亲许诺会买一辆凯迪拉克送给她。

埃尔维斯出生于一个精神匮乏的家庭：他们屈从于权威，粗鲁无礼地大喊大叫，因贫穷而自卑，还有对"上顿不接下顿"的生活的恐慌。图珀洛当时是一个由少数古老家族统治的小镇。在20世纪三四十年代，镇上仅有两家工厂，一家生产乳制品（后来发展成为伯顿奶制品品牌），一家生产肥料。在这个小镇上，微妙的社会地位等级划分跟简·奥斯丁在小说中描述的别无二致：镇中心豪华的房子与边缘地带的贫民窟形成鲜明的对比。离开自己的家庭及所属社会阶层时，埃尔维斯总是感到局促不安。当他从东图珀洛的小学转到图珀洛较大的学校时，同学们总是因为他的穿着嘲笑他是乡下来的土包子。他的家人谦恭、多疑且不愿与他人接触，他们用这样的自豪感掩饰着他们的自卑。为了维护自己的尊严，他们对"白人垃圾"称号的抗争激烈且从未间断。格拉迪丝总是教导埃尔维斯要彬彬有礼，当面对长辈或其他权威的时候，他总是充满敬意地低下头，称他们为"先生"、"女士"。她教会他适当地谄媚，就像汤姆叔叔一样，这是一种生存之道。

当父亲令家族蒙羞的时候，埃尔维斯尤其感到耻辱。

因为篡改支票,弗农和格拉迪丝的兄弟特拉维斯·史密斯(Trawis Smith)一起被送进了帕奇曼监狱农场。在"大萧条"之前,只有黑人才会因为小小的违规受到严惩;但世道变了,经济萧条使越来越多的白人加入到犯罪的队伍中。弗农以四美元的价钱卖了一头猪,他和特拉维斯试图将支票改成十四美元或者四十美元。细节现已无从考证,但弗农和特拉维斯被发现并被当成典型,以儆效尤。弗农被判了三年。帕奇曼监狱农场因过度压榨犯人劳作而臭名昭著,犯人们被隔离在不同的野营房,依靠自己的收成过活。身着条纹囚服的犯人们,听到发令枪就要开始劳作,从早到晚,即使太阳毒辣,他们也几乎不能停下来歇息。犯人们最怕的是一种被称为"黑色安妮"的鞭刑,白人经常挨打,因为相比黑人,他们更容易反抗狱警。特拉维斯的儿子比利怀疑弗农曾遭鞭打,因为他发现从帕奇曼监狱农场出来后,弗农去哪儿都不肯脱下自己的衬衫。

弗农入狱后,格拉迪丝、埃尔维斯和一些表亲住在一个小房子里。房子的位置不好,离图珀洛的铁轨很近,火车路过时总是发出可怕的声响。格拉迪丝态度坚决,要维护家庭的完整。周末的时候,她跟埃尔维斯会坐五个小时的长途汽车去探望弗农。帕奇曼监狱农场允许夫妻在周日见面。父母一起进入那间不论从什么角度看起来都很吓人的"红房子"后，埃尔维斯会跟其他的孩子一起玩耍。那个时候，他三岁。

邻居们准备了一份请愿书，加之弗农在监狱里表现良好，八个月后他便被释放了。但普雷斯利家三口人似乎都被帕奇曼监狱农场的事情困扰着，开始做噩梦和梦游。埃尔维斯的梦游症持续多年，而且终其一生，他都在做被遗弃的噩梦。

贫穷和耻辱激发了渴望，对关注的渴望、对爱的渴望，当然还有对食物的渴望。埃尔维斯那时十分爱吃汉堡。为了去杜迪的餐车那里买一个便宜的汉堡，他可以走上三英里。在他看来，买汉堡变成了一种与汉堡关联的感觉：油脂浸过的小面包、小小的莳萝片、洋葱片，被厨师包裹在薄薄的蜡纸里。这是一种宛若天堂的感觉。撕开包装纸，趁热吃下，腌黄瓜的酸味与洋葱和芥末刺鼻的味道混在一起轻触味蕾，这是一种反差极大的味觉享受。再来一杯桃子味的 Nehi（一种源自美国的软饮）或巧克力奶昔，更多的味觉融在一起，然后你会感到如登极乐。吃一个汉堡，再来一杯不能不点的可口可乐——这可是南方人眼中的万能药,是那个时代底层世界的神圣搭配。当你口渴的时候,可乐滑过喉咙的灼烧感,便是愉悦的顶点。

埃尔维斯渴望这种感觉。因为穷困,他们买不起太多肉。家里每天都有花销,从商店里购买的东西看起来总是比家里的东西高级些。这很新奇、特别。在南方乡村,任何从商店购买的食物都有一种从苦难中解脱的暗示,甚至会让你有种错觉——这些东西是白来的,因为你无须自己锄地、耕种、收割、屠宰、烹饪,便可享用,而且它们看起来总是更美味。在整日唱歌、靠地吃饭的南方教堂里,食物是值得庆祝的。吃你可以消化的所有食物并回报更多,某种程度上是一种不浪费食物的方式,而不浪费是必然的选择。与此同时还给人一种自由的错觉:这一刻,有足够的食物摆在你的面前。那时候,或许普雷斯利没怎么听过"眼大肚子小"的说法,他总是能把盘子里的食物吃得精光。

埃尔维斯渴望汉堡,渴望被人关注,渴望音乐。他渴望尝试格拉迪丝和教堂不允许他做的那些危险的事情。一种强烈的渴望在埃尔维斯的身体里升腾,这是一种对自身之外的渴望,对贫穷之外的渴望,对能够真正证明自己存在的经历的渴望,对实现自我价值的渴望。

格拉迪丝一直让埃尔维斯沉浸在自己的爱与关注之中,她害怕他受到伤害,她不敢冒任何的风险。"待在院子里!"她在房间里大声喊道。每当天色渐暗、夜风渐起,格拉迪丝都会急切地将自己的孩子拢到身前,然后冲向远处山上的风暴避难所。毫无疑问,她祈求上帝保佑她的孩子。她的无所畏惧传给了埃尔维斯。但对南方乡村的人而言,如果房子摇摇欲坠、天空像被撕开了一样,那么面对雷风暴的惊慌失措是最正常不过的反应了。

埃尔维斯一岁多的时候,美国历史上一次非常恶劣的龙卷风横扫了图珀洛的中心地带。风暴的警报拉响时,埃尔维斯的父母正带着他在教堂里。他们急忙坐上诺亚·普雷斯利叔叔的小车去了他们家。漏斗形的旋风扫过普雷斯利在东图珀洛的房子,屋顶被掀掉了。普雷斯利家的人听到了狂暴的风声,也看到了骇人的天色。有人声称飓风风眼中全是光,以至于黑夜恍若白昼。地球看起来就像是一个火球,有些人甚至怀疑是不是世界末日到了。龙卷风发出就像上百辆货运火车一起开动的巨响。一位妇人被卷到飓风的涡流中,后来她说那里面安静极了,她甚至能俯看到米拉姆学校上空燃烧的火焰。一个黑人连同他的房子被卷到湖里，消失得无影无踪。在龙卷风降临的三十二秒中，有两百一十六人丧生，上千人受伤，九百个家庭被摧毁。为了纪念这次灾难，密西西比州的布鲁斯歌手约翰·李·胡克（John Lee Hooker）创作了一首歌。龙卷风的可怕声响深深刻在人们的脑海中，让人难以忘记。稍后，东图珀洛天主教堂举行了集会，教徒们在这里重拾生活的勇气。人们大声地歌唱，教堂里回荡着他们的歌声，既真诚，又绝望。

南方的风暴影响了埃尔维斯的想象力。上小学的时候，他讲了很多自己编的关于"铁皮人"的故事。几乎可以肯定的是，铁皮人是源自《绿野仙踪》（*The Wizard of Oz*）里的角色。埃尔维斯肯定把卷走多萝西的怪风跟自己的遭遇联系在了一起。雷风暴的威胁还可能来自埃尔维斯对"神奇队长"的想象，在漫画中，"闪电球"就是力量的象征。

埃尔维斯的耳朵很脆弱，容易感染疾病，对声音也极为敏感。除了惯常的火车轰鸣和风暴的号叫，他还能听到"火车孤独的汽笛声"。不管在什么地方，他都能听到人们在歌唱，在创作音乐。埃尔维斯不停地吸收音乐的养分。在他们家常去的教堂的神召会上，总会有福音音乐的表演，炽热、欢愉、充满力量。牧师拨弄着吉他，随着节奏扭动身体。两岁的时候，埃尔维斯从母亲的怀抱中挣脱，顺着过道走过去加入唱诗班的表演。此后，埃尔维斯在 Shake Rag 区听到了节奏布鲁斯。Shake Rag 是镇上的黑人区，位于一块泥滩上。在街上，在屋子前，在教堂里，在"帐篷复兴会"，埃尔维斯听到了布鲁斯和灵歌的声音。他总是在聆听。在他的脑子里，似乎有个频道跟音乐之神连在了一起。他沉浸在里面，音乐就像毒剂一样流淌在他的静脉里。他对音乐的热爱似乎是一种本能。他吸收了听到的一切音乐并存入大脑，如教堂里的赞美诗、流行的福音四重奏。通过收音机，他收听了当时所有的流行音乐，如平·克劳斯贝（Bing Crosby）的全部歌曲，甚至还有大都会歌剧。格拉迪丝在发条留声机上为他播放了恩里科·卡鲁索（Enrico Caruso）的《我的太阳》（"O Sole Mio"）。这一切，埃尔维斯都很爱。

当然，埃尔维斯总会在周六的晚上收听电台节目"奥普里大剧院"（The Grand Ole Opry）。有时候，他需要将收音机连在卡车的蓄电池上才能听到广播。总是吟唱心碎、绝望和渴望的乡村音乐，长期以来影响着南方的白人文化。吉米·罗杰斯（Jimmie Rodgers）的《坏妈妈布鲁斯》

("Mean Mama blues")曾是格拉迪丝的最爱之一。格拉迪丝还喜欢"深情兄弟"(The Louvin Brothers),这个组合是典型的乡村音乐组合,擅长如泣如诉的低声吟唱。

有时星期六的下午,埃尔维斯和家人会去参加图珀洛当地电台 WELO 在县政府大楼举办的大型集会。很多时候,都是他一个人前往,因此他可以在一个名为"密西西比瘦猴"(Mississippi Slim)的表演者身旁驻足。埃尔维斯崇拜这位乡村歌手,还会羞涩地向他提问。埃尔维斯还是个小男孩的时候,总是时不时地跟着收音机唱歌。在南方,县政府大楼为集会表演者进行电台直播很普遍。那个地区到处都是小提琴手和歌手。从西边的棉花之乡三角洲(Delta)开始,布鲁斯逐渐流行。在堤坝码头和矿山,音乐家吟唱着艰难生计的悲伤。埃尔维斯吸收了身边所有的乐声:火车的汽笛声、白人乡村乐手的音乐、收音机里的流行音乐、集会的民间表演者的曲调、教堂里的福音歌曲、Shake Rag 区流淌的音符以及黑人教堂里的黑人福音音乐和"帐篷复兴会"里的曲目。他可能聆听过农民的歌谣和农场黑人工人的歌谣,甚至在随母亲到帕奇曼监狱农场探视自己的父亲时,还听到过囚犯的歌声。农民令人肝肠寸断的压抑呼喊,被精妙地改造成美丽的韵律和节奏，让无法承受的生活之重不再那么艰难。

音乐是埃尔维斯真正的激情所在，但他对此缄口不言。十岁那年，在图珀洛的贸易集市举行的密西西比—阿拉巴马展览会暨奶制品交流会上，他参加了全州的歌唱比赛。他戴着眼镜，穿着吊带裤，要站在凳子上才能够到麦克风。在没有任何伴奏的情况下，他演唱了《老狗夏普》("Old Shep")。这是乡村歌手雷德·弗利（Red Foley）令人潸然泪下的一首歌，讲述了一个人被迫击毙自己的老狗的故事。在这次比赛中，埃尔维斯得到了第五名。

埃尔维斯十一岁的时候，格拉迪丝带他去了图珀洛的五金店，他准备用自己生日时得到的钱买一把 0.22 口径的来复枪。格拉迪丝试图说服他买一把更昂贵的吉他，并承诺为他支付两者间的差价。他哭了起来，因为他想买把枪。跟往常一样，埃尔维斯想要些更危险的东西，而他的母亲却会引导他走更安全的路。他先是跟在不入流的酒吧演奏的韦斯特叔叔学了一些和弦，然后跟舅舅约翰尼·史密斯学习了更多技巧。演奏吉他的牧师弗兰克·史密斯也帮助了他，并鼓励他在教堂里演唱。上七年级的时候,埃尔维斯每天都带着吉他去上学。他声称,终有一天,人们会在"奥普里大剧院"节目里听到他的声音。再一次,城里的孩子们开始嘲笑他,说他不过是个唱着垃圾乡村音乐的乡下小孩。

普雷斯利家的人很像是威廉·福克纳笔下的角色。福克纳与埃尔维斯,两人的出生地只相隔了十五英里。相比普雷斯利家族的现实生活,福克纳不太可能写出比之更复杂、涉及更多社会阶层的悲剧人生。然而,把弗农、格拉迪丝和埃尔维斯想象成简单的乡下人,可是个错误。乡下人并不简单。埃尔维斯很天真,但他的人生却充满痛苦和复杂的情感。作为局外人的痛苦、害怕失去的痛苦以及财富被剥夺的痛苦形成一种合力,令紧张的情绪在他的身体里翻腾。阻止他从底层跌落至赤贫阶层的努力,逐渐形成了一种疯狂的渴望和意愿。接近底层的美国人对于美国梦的追求,更加迫切。这与福克纳《押沙龙,押沙龙!》(*Absalom, Absalom*)中萨德本对公正的梦想别无二致。

弗农总是在找工作,一份份奇特的工作交替出现。然而如何才能为家人提供好的生活,总让他束手无策。尽管有前科,但在家庭和邻近的社区里,人们并不会小题大做地排挤他。可是到东图珀洛以外的地方找工作时，就难上加难了。1948年，埃尔维斯十三岁的时候，他们家拥有了一台电唱机。弗农举家迁往孟菲斯，期待在那里能有个改头换面的机会。这是极需要勇气的决策，但对于培育埃尔维斯的音乐天赋来说，这次搬家又是幸运的。很快，埃尔维斯就在广播里汲取新的音乐养分。孟菲斯的贝尔街，正是源自三角洲的各种音乐流派的汇集之地。所有伟大的布鲁斯歌者，都出生在孟菲斯方圆百里之内。当地的气候、地理、铁路、棉花田、堤坝（一个阻止密西西比河洪水冲击肥沃的三角洲地带的、极具纪念意义的土方工程），与关于奴隶的历史融合在一起，创造了洪水般的音乐，涌向贝尔街。

直到1949年，孟菲斯才出现了节目完全针对非裔美国人的广播电台（WDIA）；在此之前，人们很少能在广播里听到黑人音乐。但在那之前，埃尔维斯有很多机会听到各种黑人音乐。他很可能听到过布鲁斯乐手别出心裁的音乐，比如马迪·沃特斯（Muddy Waters）和其他歌手，他们跟埃尔维斯一样，能紧紧抓住听到的歌曲的主线、旋律和其中蕴含的悲伤。他曾经听过亚瑟·克鲁德普的节奏强烈的音乐，也听过"大块头"比尔·布鲁兹尼和"瞌睡虫"约翰·埃斯特斯（Sleepy John Estes）等其他音乐人的音乐。这些人的音乐表现出一种迫切感，一种在束缚与释放之间的复杂张力，一种禁忌和渴望之间的冲突。埃尔维斯聆听那些可以表达他的渴望与期盼的音乐，聆听那些可以让一无是处的自卑情绪得以缓解的音乐。音乐给他带来了一种希望，这希望不是别的什么，而是音乐本身。

在孟菲斯，埃尔维斯沉浸在黑人社区的音乐中。他和表兄吉恩·史密斯（Gene Smith）一起去了非裔卫理公会教堂，坐在阳台上聆听福音歌曲与灵歌。他们在查理酒吧的自动唱机上播放节奏布鲁斯，还在贝尔街上兰斯基的店里买了亮闪闪的、有着异域风情的衣服，这种衣服是专为表演节奏布鲁斯的人准备的。处于社会最底层的埃尔维斯，在黑人朋友之间找到了一种更为亲密的关系，这是在白人和更高的社会阶层那里找不到的。他跟黑人有很多文化上的交集，比如语言和食物。跟黑人相比，他唯一的优势或许就是他的肤色了。正是这种肤色给了他做梦的特权和渴求成功的炽热的梦。

感知环境的天赋是埃尔维斯与生俱来的，它促使他利用手头的素材创造一些革命性的事物。当大多数白人还没有越过那条线的时候,埃尔维斯已经做好了出发的准备。他是一个奇怪的、孤独的、精力旺盛的孩子,害羞且笨手笨脚。他饱受精神紧张之苦,时常抽搐,他的双手打着节拍、他的双腿挪移着,脑海中幻想双脚踢踏出声音,是音乐让这些抽搐有了实在的体现。他对声音和节奏的敏感贯穿了他的整个人生,甚至可以追溯到他还在母亲子宫里的时候——他听到母亲明显的心跳声,他双胞胎兄弟的心跳声和子宫里的声响。或许这种回声一直伴随着他。他的生命,是以强烈的节奏感开启的。

太阳录音室

"每个摇滚乐创作者都发现了《没事了》('That's All Right')这首歌的价值所在,就像研究古埃及象形文字的人找到了罗塞塔石碑一样。"戴维·马什(David Marsh)这样写道。当时他正在搜集田纳西州孟菲斯的太阳录音室辉煌时期的相关资料。1954年7月5日,当天才少年埃尔维斯·普雷斯利录完送给母亲的歌曲《没事了(妈妈)》之后,人们发现了他并认可他。一切发生得如此突然,那个尚未成熟的孩子就像是从可乐瓶子里冒出来的一个幽灵,让大家为之震撼。是他!就是他了!埃尔维斯!在此之前,他还只是个不起眼、脸上长满青春痘的沉默少年。

太阳唱片公司的老板山姆·菲利普斯(Sam Phillips)一直在寻找一个独特的声音,他希望能在白人歌手的声音里听到黑人音乐那种令人兴奋的情感。他发现了种族之间应有的亲密关系,对黑人音乐也很着迷。他认为,如果能够将黑人的音乐世界呈现给白人,将会促进种族间的和谐。而且,这还将是一次大胆的音乐探索。他意识到,埃尔维斯身上的有些东西需要慢慢诱导才能爆发。山姆认为,那些东西是埃尔维斯的声音里流露的渴望,也是从其灵魂深处释放出的情感。山姆为埃尔维斯安排了录音,斯科特·摩尔(Scotty Moore)任吉他手,比尔·布莱克(Bill Black)任贝斯手。录音期间,埃尔维斯试图模仿迪恩·马丁(Dean Martin)与平·克劳斯贝,浅吟低唱一些伤感的歌曲。但这些歌曲都不适合他,录音效果很不理想。后来,当他演唱布鲁斯歌曲《没事了》的时候,他整个人能量爆发,众人深深为之吸引。1954年7月5日,是摇滚乐真正开始的日子。这一切是怎样发生的呢?

1953年,埃尔维斯在孟菲斯的休姆斯高中毕业后,先是在一家修理铺工作,后来成为火箭壳生产厂的工人。1954年年初,他在皇冠电力公司得到了一份开卡车的工作,而且有机会成为一名电工。埃尔维斯曾经称自己的父亲为"非技术工人",跟父亲相比,他的工作已经算是迈上了一个大台阶。除了上班,埃尔维斯几乎没想过还有别的选择。在他所属的那个社会阶层,几乎没有孩子上大学。鉴于家庭情况,格拉迪丝和弗农也从未想过让埃尔维斯去读大学。他们也担心,上大学这件事会在他们和孩子之间划出一道鸿沟:他将学会更高社会阶层美国白人的说话腔调,还可能看不起他们。他将进入另一个他们不理解的世界。那样,他们将彻底失去他。格拉迪丝和弗农都没怎么读过书,但格拉迪丝坚持让埃尔维斯完成高中学业。就当时而言,这是很了不起的。在埃尔维斯成名之后,有人问他想没想过去读大学,埃尔维斯表现得很惊讶,就像是别人在问他想不想去月球一样。"你不可能超越阶层界限,"他说,"我要跟自己人在一起。"

尽管埃尔维斯深知自己所处的社会阶层,但他依然有自己的梦想,他不愿像自己的父母一样一辈子出卖劳力。他真心地渴望可以成为一名福音歌者。一个更大的幻想正在召唤这位梦想家,让他在不脱离自己阶层的同时,展现他的天赋,让他扩宽狭隘的视野。他知道明星是怎么回事,因为他在收音机里听过明星唱歌,也在电影里见过明星的容貌。他们的命运跟受过高等教育和生于富贵家庭没什么关系,他们因为娱乐大众而获得丰厚的报酬。

埃尔维斯当时的样子不大可能成为明星。他经常表现得难为情、笨拙、精神紧张,说话也不够清晰。他曾经打算迎娶的女孩儿迪克西·洛克(Dixie Locke)说,埃尔维斯是她见过的最容易感到窘迫的男孩。他有时行事诡秘,似乎害怕被人拒绝。实际上,真的有人曾经当面说他不适合唱歌。读高中的时候,一位老师说不希望自己的合唱团里有他那样的声音。后来,他热情地想加入一个福音四重唱团,但也被拒绝了。屡屡被拒绝,埃尔维斯越发自卑。即便如此,他依然为所有可能的机会心醉神迷。以初生牛犊、孩子气、乡下人的方式,他正在寻找一种存在感来证明自己。他不断探索、尝试,拥抱周遭变化的世界,将一切藏在心底并生发出更强烈的渴望。埃尔维斯并不知道自己拥有怎样的力量。尽管他生活在音乐中并将之视为呼吸的空气,尽管他一直都在歌唱,但他对自己的歌唱天赋几乎没什么信心。他在所有可能的场合演唱,但他从未组建自己的乐队。高中毕业后,他跟一两个朋友在短袜舞会、学校集会和二手车交易市场表演过。他还参与整夜唱福音歌。他一直都在教堂里演唱,还曾跟自己的父母围在钢琴旁唱歌。弗农的声音雄浑而又圆润,埃尔维斯的声音跟父亲的很像。但在家庭内部的演唱跟以此为生,不能相提并论。弗农曾试图打消埃尔维斯这样的想法,说自己还从没见过谁能靠一把吉他维生的。

尽管很害羞,但埃尔维斯做事的目的性很强,而且非常渴望得到他人的认同。他总是故意通过自己的外貌来吸引更多的注意力。高中的时候,其他男孩子都留着几乎一样的平头,他却蓄起了长发;别的孩子穿着简单,他则穿起了从兰斯基买来的夸张的服装。不出意料,同学们会取笑他。如今,我们很难想象,在循规蹈矩的20世纪50年代穿着波列罗式夹克或者装饰有手枪口袋的黑色裤子去上学,需要多大的勇气。埃尔维斯对穿着的选择强化了他的边缘地位,同时也表达了一种对自由的渴望。这个经常坐在教室后排的羞涩男孩,希望引起大家的关注。他是一个局外人,通过拒绝遵守规则凸显自己的冷漠。但同时,他也赢得了一些人的钦佩。

埃尔维斯穿着闪亮的衣服,还有一个目的就是掩饰自己对外貌的不自信。因为脸上的痤疮,他相当自卑。他时常梳理自己婴儿般柔软的头发,格拉迪丝甚至曾经给他买过托尼家族永久公司的卷发产品,用像卷烟纸一样的卷发纸包好头发后再卷在细长的塑料卷筒上。埃尔维斯尝试着让自己看起来像演员托尼·柯蒂斯(Tony Curtis),但在20世纪50年代,一个一头卷发的男孩还是让人难以接受。埃尔维斯有时候甚至会化眼妆。一个男孩顶着一头卷发、化着眼妆去学校,必然招来蔑视,但这种行为又如此新颖、如此大胆。埃尔维斯这样的装扮和行为,看起来并不会女里女气。他喜欢女孩子,像马龙·白兰度那样大摇大摆地走路,还喜欢踢足球。

当埃尔维斯紧张地、带着满脸痤疮第一次走进(隶属于太阳唱片公司的)孟菲斯录音棚时,他说想为自己的妈妈录一首歌,尽管此时格拉迪丝的生日已经过去两个月了。山姆·菲利普斯当时不在,他的助手马里恩·凯斯克(Marion Keisker)问埃尔维斯觉得自己的声音比较像谁的时候,埃尔维斯回答说:"我的声音不像任何人。"人们总是设想这句话是埃尔维斯意识到自己独特天赋的自信表达,但还有一种可能就是,他觉得自己比不上其他人。他向往可以成为主流明星平·克劳斯贝那样的人,但他不好意思将自己跟那个级别的人相提并论。他花四美元录的歌《我的幸福》("My Happiness"),是"墨水点"(Ink Spots)乐队演唱的一首甜蜜动人的乡村歌曲,中间流露出感伤的情绪。马里恩对他的声音产生了兴趣,并多做了一份录音拷贝。山姆·菲利普斯并不清楚自己要寻找什么样的声音,但他说,听到的时候他就会知道了。那是一种在菲利普斯想象中的、能够将白人和黑人的情感融合在一起的声音,几乎没什么理由让人相信埃尔维斯可以做到。尽管《我的幸福》在黑人群体中很流行,但跟"大块头"比尔·布鲁兹尼和"号叫野狼"(Howlin'

Wolf）乐队比起来还是相差很远。"墨水点"的这首歌节奏很平缓，埃尔维斯演绎的版本更是平淡无奇。但在埃尔维斯稍显怯懦的声音背后，马里恩·凯斯克听到了一些别样的东西。她觉得，埃尔维斯或许就是菲利普斯寻找的那种声音。但直到几个月之后，她才成功地说服菲利普斯为埃尔维斯在太阳唱片公司安排一次试音。

菲利普斯专注于密西西比三角洲的布鲁斯音乐，非常喜欢杰克·布兰斯登（Jackie Brenston）的《火箭88》（*Rocket 88*），有人称这是历史上第一张摇滚乐唱片。实际上也有很多唱片跟它不分伯仲。菲利普斯还为"囚禁者"（Prisoners）录过音，这是一个监狱里的四重唱团，犯人们戴着脚镣来录音室录音。他们的《走在雨中》（"Wakin' in the Rain"）曾在当地风靡一时，比起山姆曾经录制的布鲁斯版本更为安静。刚开始跟埃尔维斯合作时，山姆甚至觉得是在浪费自己的时间。因为埃尔维斯十分紧张，第一次录音糟糕透了。

山姆·菲利普斯在1978年回忆说："埃尔维斯大概是那间录音室里出现过的最内向却又最具天赋的人了。他想掩饰自己的内向，但又如此自卑。他的表现让我想起了一些黑人，他显现出一种跟黑人极为相似的不安全感。"

山姆雇了斯科特·摩尔和比尔·布莱克跟埃尔维斯一起合作。当他们三个人第一次在斯科特的房子里排练时,埃尔维斯的演唱并未给这两个人留下什么深刻的印象。那一天,埃尔维斯穿了一件蕾丝衬衣、一条粉色的裤子,裤子上有黑色的布条垂下。不管怎样,山姆安排了第二次录音。因为在他心中这不过是一次实验,所以也就没有安排更多的乐手。

山姆询问埃尔维斯想唱什么歌时,后者有些犹豫。埃尔维斯没想过选唱一首非常规的歌曲。在咨询了斯科特和比尔的意见之后,他选择了《海港的灯光》("Harbor Lights")。这可是20世纪50年代平·克劳斯贝的热门曲目。埃尔维斯的这个选择看起来像是试图给山姆一些信心。

埃尔维斯太拘谨了,无法真正地表现自己,原唱的风格掩盖了山姆期待的表演。山姆并没有催促他,也没有给出具体的建议。他们尝试了《海港的灯光》,还跟其他民谣歌曲弄混了。这是一项单调枯燥的工作,但是山姆很有耐心地鼓励埃尔维斯。埃尔维斯这才放松下来。

然后,在排练的间歇,埃尔维斯无意中哼唱起亚瑟·克鲁德普的布鲁斯曲调。这时录音机已经暂停工作。

"没事了,妈妈!"埃尔维斯以高八度的音阶释放出有些尖锐、有些悲痛的声音。

在控制室,山姆停下了手里的事情,从门口探出头问:"你刚才唱的什么?再唱一遍。"他打开磁带录音机。这次,在埃尔维斯的声音中,山姆找到了他所期待的力量、活力、狂热和危险。斯科特和比尔也很快跟上了埃尔维斯唱出的强有力的明快节奏。

然后,他们试了一遍又一遍,直到熟悉了整首曲子。这首歌从何而来?之前一直藏身何处?《没事了》听起来就像是从埃尔维斯的秘密藏匿处跳出来的。埃尔维斯终于释放了自己,一种令人震撼的音乐穿过他自我防御的堤坝汹涌而来。《没事了》不是黑人音乐,也不是节奏布鲁斯,更不是第一首摇滚作品。但它极具感染力,鲜活得有些淘气。在节奏布鲁斯之外,埃尔维斯还加入了乡村音乐,黑人福音歌曲的节奏感,灵歌的旋律,以及教堂里赞美诗的高亢曲调。他抓住了乡村音乐和布鲁斯中的俏皮、感伤和趣味,从此两种传统音乐风格永远地融合在一起。这种音乐风格是强劲的,是布鲁斯音乐、乡村音乐和摇滚乐的统一体,是多种流派的融合,究其根源却又是完全的独创。

埃尔维斯以为自己需要山姆·菲利普斯这个音乐权

威的引导，以为自己如果不遵循常规的路径就不可能获得成功。看起来，埃尔维斯自己并未意识到自己开创性的飞跃。他的确是迈出了一大步，尽管这一步似乎只是在他放松的情况下小小的尝试——是一种意外。除了获得认可，埃尔维斯未曾想得到更多，甚至未曾想过即将随之而来的名声与财富；但山姆不同，他追寻的是原创的东西。听到了这样的原创并紧紧抓住，便是山姆的最大贡献。

山姆发现，埃尔维斯除了有对认可的期待，性格中还有一种"厚脸皮"的特质。山姆很喜欢这一点。他欣赏埃尔维斯对黑人不歧视的态度，也欣赏埃尔维斯毫无偏见地吸纳不同的音乐风格。发现埃尔维斯知道克鲁德普时，山姆有些惊讶，很快他就发现埃尔维斯对这些人很熟悉。他喜欢埃尔维斯的叛逆与反抗，埃尔维斯的身体中有一股富于原创性的力量。山姆发现了埃尔维斯的谦逊，同时也发现了他隐藏的俏皮与复杂。

山姆·菲利普斯立即在广播里播放了《没事了》。他将这首歌拿给了当地电台流行音乐节目的一名白人主持人，杜威·菲利普斯（Dewey Phillips）。后者穿着入时、语速极快、走起路来风风火火，在孟菲斯的广播电台

WHBQ主持"呛红蓝调"(Red Hot & Blue),播放当时所谓的"种族唱片"(race records)。杜威简短地介绍了这首歌,还快速插播了一些推荐的行话,"就像是坐在疯狗拉着的独轮车上,飞跑出前门,告诉大家是菲利普斯派你来的"。他播放这首歌的时候,电话就开始不断打进来。那个晚上,埃尔维斯紧张得不敢在广播前听自己的演唱,害怕引来别人的嘲笑。他提醒父母准时收听,自己则跟表兄吉恩·史密斯去了电影院。当杜威·菲利普斯打电话到他家的时候,他正在电影院。杜威打电话来是想尽快约一个采访。格拉迪丝和弗农听到广播里的音乐权威要采访自己的儿子,赶紧跑到电影院,催促埃尔维斯赶快去WHBQ电台。

埃尔维斯紧张得几乎说不出话来。于是杜威骗埃尔维斯说话筒关掉了,就当是轻松闲聊即可,而实际上话筒一直开着。杜威特别询问埃尔维斯在哪儿上的学,"休姆斯高中"这个答案让大家知道了他是个白人。采访过程中,埃尔维斯几乎一直在说"是的,先生"和"不是的,先生"这两句话。那天晚上,杜威将这首歌反复播放了十四遍,不停地有电话打进来。有些听众很愤怒,但大部分听众都掩饰不住狂喜的心情。

在孟菲斯，埃尔维斯一夜间走红。人们不知道这张唱片应该归为哪一类。人们不确定这是节奏布鲁斯，还是乡村音乐或者是别的什么。不管它属于什么类型的音乐，人们都为之狂热。很多人说，埃尔维斯的声音听起来像是黑人，就跟"种族唱片"里的歌声一样。在此之前，日间广播被舒缓的浅吟低唱、离奇的新闻和纯洁的爱情故事填满；如今，人们却从一个白人男孩的声音里听到了像是源自非洲的曲调。这曲调狂热有力、充满激情，满是生命自身的力量——奋进、起伏、波澜与颂扬。

埃尔维斯跨越了种族的界限。白人很少模仿那些他们认为劣于自己的族群。但毫无疑问，埃尔维斯从黑人音乐家那里学到了很多。尽管他的音乐受到了众多流派的影响，但很明显，节奏布鲁斯让他受益匪浅。埃尔维斯说："我喜欢比尔·布鲁兹尼讲述真相的音乐。"稍后他又说："我一直在听有节奏感的音乐。"埃尔维斯引发了一场风暴，终究会引发全民性的讨论。他如此表现，既不是故意的，也没有任何设计的成分。他之所以跨越界限，只不过是因为他能与那些音乐产生共鸣。事实上，埃尔维斯传达了贫穷白人与黑人之间的阶级共通性与地缘关系。相比于创作白人音乐或黑人音乐，或者白人模仿黑人音乐而言，倒不如说埃尔维斯的音乐是献给南方穷人的；不管肤色是白还是黑，他们都是贫苦的工人阶层。历史学家迈克尔·伯特兰（Michael Bertrand）在《种族、摇滚、埃尔维斯》(*Race, Rock, and Elvis*) 一书里写道："位于南方社会底层的人们的贫穷，令黑人和白人共享了一种历史上传承下来的局外人的身份。"这种历史传承还有一部分是对音乐的爱，发自心底的爱。

在南方，工人阶层听到了一些熟悉的东西，一些为他们代言的内容。他们听到了埃尔维斯歌声的高亢，感受到了他的性感魔力、嬉笑怒骂和幽默感，这些都是属于他们的正面特质。埃尔维斯在说"他们"都"没事了，妈妈"，他在歌唱他们的生活。

由于唱片还没有正式发行，《没事了》第一次在孟菲斯的广播电台里播放的那个晚上，太阳唱片公司实际上在承受着巨大的潜在损失。因为埃尔维斯还没有录制唱片B面的歌曲。山姆赶紧把埃尔维斯叫到录音棚，争分夺秒地准备第二首歌。令人惊奇的结果是，他们选择了《肯塔基的蓝月亮》（"Blue Moon of Kentucky"）——比尔·蒙罗（Bill Monroe）最典型的"蓝莓音乐"（bluegrass）。再一次，埃尔维斯运用了不同类别的音乐形式。他为歌曲注入了能量,山姆则为歌曲添加了自创的回声技术——一种使用两台录音机完成的家庭自制的回声效果。如今,他们终于有唱片了。山姆开始向南方的各大电台推荐埃尔维斯的唱片。那时,埃尔维斯的女友迪克西正跟家人在外旅行;对于埃尔维斯录制歌曲的事情,她一无所知。从佛罗里达回来后,第一次从收音机里听到《肯塔基的蓝月亮》时,她简直目瞪口呆。她从未意识到埃尔维斯有这样的抱负。她离开的时候,埃尔维斯还是个空有音乐梦想的卡车司机;如今,一夜之间,他成了炙手可热、冉冉升起的新星。

接下来的一年半内,埃尔维斯为山姆·菲利普斯录制了更多大胆活泼的歌曲。从山姆那里,埃尔维斯学会了艺术家需要的特质:将激情转化为精品的耐心。他录制了《神秘列车》("Mystery Train")、《今夜好好摇摆》("Good Rockin', Tonight")、《奶牛布鲁斯布吉》("Milk Cow Blues Boogie")、《宝贝,让我们一起玩玩》("Baby, Let's Play House")等。《奶牛布鲁斯布吉》中恳求般的假声听起来像是黑人布鲁斯歌手乔希·怀特(Josh White),他在埃尔维斯出生那年演唱了这首歌。埃尔维斯跟斯科特和比尔一起,令太阳唱片公司名声大振。斯科特·摩尔最初弹奏吉他的指法很像切特·阿特金斯（Chet Atkins），山姆纠正了他，让他更注重音乐的节奏感。比尔·布莱克并不算最好的贝斯手，但他的弹奏却总能恰到好处。他们三个人在山姆的公司很快就录制了许多唱片，这些唱片不仅到现在仍被人视为经典，而且还改变了美国音乐的进程。

人们普遍认为，太阳唱片公司时期的埃尔维斯是最真实的。在他后来的人生里，回看那段经历时，埃尔维斯自己也觉得很有趣。1968年，他说当时的那些唱片"就像是有人在敲水桶盖"。那个时候，他已经改变了自己的音乐方向。他的视野早已离开《今夜好好摇摆》、《奶牛布鲁斯布吉》这样的作品。但埃尔维斯再也无法捕捉最初几张唱片里蕴含的那种野性。那些声音就像是从埃尔维斯不受拘束的灵魂里发出来的，非常真实、非常新鲜。那些歌听起来会让人产生错觉，好像街边的小酒吧店门大开，种族和谐已经是令人欢愉的现实。

创造埃尔维斯

当杜威·菲利普斯第一次在广播里播放《没事了》的时候,人们的兴奋与狂喜是献给那个声音的,而不是献给某个具体的形象。这个声音里充满了力量,让人既感到熟悉,又感到陌生——毕竟这个声音冒险进入了一个禁区。埃尔维斯脸上有痤疮,额前的头发乱蓬蓬的,说话还有些结巴。在录音棚,山姆·菲利普斯完全不清楚怎样才能将埃尔维斯推上舞台。为了庆祝新唱片上市,公司在孟菲斯奥弗顿公园举行公开表演,埃尔维斯却在仪式上紧张得浑身发抖。为了不至于摔倒,他抬起自己的脚随着音乐打着拍子。他的表情僵硬,好像在冷笑一样。姑娘们开始尖叫的时候,他吓坏了,他以为她们是在嘲笑他。他没有意识到,她们是因为他的摇摆而兴奋,褶皱的裤子在他扭动的时候像是在风中飘荡。但渐渐地,他还是发现了这个事实,于是动作中多了些故意的成分,引来姑娘们更多的尖叫。埃尔维斯意识到自己还有一个可以模仿的偶像——他最喜欢的福音团体成员之一、政治家"大酋长"吉姆·惠特灵顿("Big Chief"Jim Wetherington),他就曾因轻摇双腿而让姑娘们为之疯狂。想到这里,埃尔维斯逐渐放松下来。在接下来的演出中,埃尔维斯开始摇晃自己的左腿,他的表演越来越流畅,他被压抑的激情终于爆发了。

1954年下半年和1955年，埃尔维斯、斯科特、比尔以"蓝月男孩"（The Blue Moon Boys）的身份进行了巡演。在这个过程中，埃尔维斯发掘了自己的天赋，也提升了自己的演唱技巧。他将自己从自我的牢笼中释放出来，自由地摇摆、探索、发现。他浑身都散发着一种性感的魅力，而且舞台允许他自由、充分地表现这种性感。舞台下，他彬彬有礼、谦逊，依然有不安全感，但他强烈地希望人们喜欢他，也强烈地希望女孩们成群地围在他身边。他就像一个狂野的情人。他不仅创造了新颖的令人难忘的音乐，也在塑造自己。在音乐史上，"猫王"形象的诞生，是一次更加令人惊讶的转变。

埃尔维斯无疑是一个天生的表演者。他在舞台上无拘无束，很容易便能与观众实现亲密互动，他很清楚观众想要什么。有了这种认知，他的舞步更加肆无忌惮了，稍显淫邪的舞步引发了人们的原始冲动。早期的时候，他的舞台表现是粗糙的，讲着低俗的笑话、做着下流的手势，他甚至会在舞台上吐痰。他遗忘了那些所谓专业的表演技巧，以年轻人的叛逆与源自乡村的无邪，打破了所有表演规则。

展现埃尔维斯早期形象的影像很少。人们形容他行为乖张,在自己引发的骚乱中极度兴奋。他是当时的一个奇观。他的头发很长,头发向后梳成很高的大背头,还留有夸张的鬓角。他总是穿色彩鲜艳的衬衣,蓬松的裤子会搭配一条窄窄的腰带,穿着松垮的夹克和鹿皮的鞋子。有时候他会将粉色裤子和黑色衬衣,或者是将紫色裤子与绿色衬衣奇怪地搭配在一起。1955年年中,他用的是马丁D-28款民谣吉他,上面的一块皮革上刻着他的名字。他非常投入地弹奏,经常会弄断琴弦。他努力地工作,有时候在后台他会把头浸在水池里,然后像狗一样甩掉头发上的水。任何人都能想象出他感受到的那种愉悦,这种愉悦源自即将到来的权力和机遇,也源自他对音乐日益增强的信心,还源自他在巡演途中迫不及待地释放性魅力的试验。斯科特·摩尔说,当时的埃尔维斯就像一头初入竞技场的年轻种马。表演结束后,埃尔维斯经常站在后台入口的桌子后面。从"深情兄弟"(Louvin Brothers)乐队那里转投到埃尔维斯旗下的吉他手保罗·扬德尔(Paul Yandell)后来回忆说:"女孩们会云集在这里,埃尔维斯则会亲吻她们每一个人;他还会对女孩们上下其手,女孩们总是咯咯直乐。"扬德尔说有一次埃尔维斯想勾引一个正在电话亭里打电话的漂亮姑娘。"他打开门,一把抓住那女孩的双乳。然后她打了他一个耳光!"

扬德尔说:"埃尔维斯走上舞台,他扭动臀部或者摇摆双腿、双手的时候,观众们都会尖叫。女孩们会大声喊出自己的要求,然后他会说:'我要先做我想做的,然后再做你们想让我做的。'"当他戏弄自己的歌迷时,语气中有些暴躁,又有些自大。他表演的过程中,会有些快速的动作。他会很快地弯曲一下双膝,然后停在那里。扬德尔说:"他经常用手指做一些动作,人们会为之尖叫。这真的非常有趣。他有时会一直高声唱,然后突然静止十五秒。此时,人们总是不停地尖叫,反反复复。然后,他会开始继续高声唱;然后,再次静止。他有意这样做,虽然有些无聊,但他无法不用这样的方式。他是在跟着音乐行走。"

他似乎有两套关节,柔韧性极好,甚至能将手指向后弯到前臂的位置。他的动作让人感受到惊愕、幽默、嬉闹以及毋庸置疑的情色。埃尔维斯假装自己的腿有独立的意识,而他则努力让它们"表现得规矩些"。他将一条腿从一个奇怪的角度踢出去,然后脚尖点地与地面垂直,然后看它旋转。唱歌的时候,他把吉他放在大腿上,双脚站得很开,双膝微曲,就好像是准备一次壮观的起飞似的。

从那时起,这个姿势成为所有摇滚乐手的标志性动作,实际上它的传统更为悠久。在非裔美国人的舞蹈中,舞者的站姿总是呈金字塔式,模仿的是劳动者的姿态。非洲人劳作的时候没有牲畜或工具,完全靠人的身体完成。劳动者叉开双腿,弯曲膝盖,有节奏地摇晃身体以便挪移或者举起重物。艾伦·洛马克斯(Alan Lomax)在研究密西西比三角洲地区布鲁斯音乐的《布鲁斯开始的地方》(*The Land Where the Blues Began*)一书中指出,这种韵律被称为"摇摆"(rocking),是美国黑人音乐、舞蹈最初的灵感。有着悠久历史的圣歌《摇摆吧,丹尼尔》("Rock, Daniel")曾在教堂里表演,其目的是为了在奴隶制度下保存非洲的舞蹈形式。劳动者身体的摇摆在表演过程中逐渐演化成一种性感的舞姿。吸纳了这种宗教仪式般的动作之后,埃尔维斯通过音乐让自己从贫穷中摆脱出来。伴随着节奏,他满心欢愉地自由舞动;即使舞姿充满情色的意味,这也是一种庆祝,庆祝自己从繁重的劳作中解脱出来。因为音乐,黑人很容易便接纳了他,因为显然他们的文化传承里有太多相似的地方。埃尔维斯曾经说过,将他与黑人分隔开的重大禁忌,只不过是如梦幻影。

对于这一点,南方大多数工人阶层的白人听众都心知肚明。他们认同埃尔维斯的音乐风格。他的音乐以对解放的承诺、对繁重劳作的反抗和对自由欢愉的向往,吸引了众多年轻人和未成年人。埃尔维斯吸收了各种音乐风格,他将节奏布鲁斯、福音歌曲、乡村民谣以及流行歌曲融合在一起,在录音棚夜以继日地工作,让每种音乐风格扮演自己的角色,使之完美、恰到好处。在舞台上,他用兴之所至的想法传递音乐的情绪。即使在他最早的演出里(有些歌是用磁带录制的),他也已经在尝试不是一成不变地去演绎一首歌,而是改变音调,利用变化使之更为丰满。

他的音乐帮助白人打开了通往黑人音乐的入口,同时,黑人觉得他肯定了他们的生命。在1956年的一次采访中,埃尔维斯说:"伙计,很久以来,深肤色的人们一直这样唱歌、跳舞,就像我现在做的一样。他们在小棚屋、在路边的小酒馆里表演,但没有人在乎——直到我这样在人前表演。这是我从他们那里学来的。在密西西比，在图珀洛，我曾听到亚瑟·克鲁德普敲击着他的盒子，就像我现在做的一样。那时我想，如果有一天能够感受到亚瑟·克鲁德普的感受，那我将成为一个前所未有的音乐家。"在他生命快结束的时候，曾有个瑞典记者问他是否实现了自己的抱负，埃尔维斯回答说："我只是想做得和亚瑟·克鲁德普一样好。"

埃尔维斯知道自己对美国黑人音乐亏欠良多。尽管他很爱自己表演的那些音乐，并享受那些音乐带给他的如潮水般涌来的喝彩，但也许跟这些音乐融合在一起时，并不完全自在舒适。作为一个白人，应对自己引发的那些争论，或许并不容易。而且在南方，任何一个白人，如果被与"黑人"音乐画上等号，肯定不会那么高兴。他肯定充满疑惑，在这条混杂、喧闹的音乐路上，自己究竟能走多远？

埃尔维斯不知道边界在何处。没有人知道。美国《公告牌》杂志试图保留之前对音乐类别的划分，如节奏布鲁斯音乐、流行音乐、乡村音乐等。于是，埃尔维斯的唱片总是出现在不同类别的榜单中。最初，图珀洛的WELO电台拒绝播放埃尔维斯的歌曲，他们称这违背了电台播"种族唱片"的宗旨。

1954年10月2日,山姆·菲利普斯为埃尔维斯谋求到了一个他梦寐以求的机会——在纳什维尔(Nashville)的莱曼大礼堂演唱,千家万户将通过"奥普里大剧院"节目听到这次演唱录音。在完成第一张专辑三个月之后,埃尔维斯抵达了乡村音乐的圣殿。埃尔维斯很紧张,斯科特和比尔更紧张,他们担心厄运降临,担心自己引来嘲弄,一败涂地。他们表演了《肯塔基的蓝月亮》,心中一直担心蒙罗会如何看待这首摇滚版的"蓝莓音乐"经典。现场的观众们反应平平,但"蓝莓音乐之王"蒙罗声称很喜欢他们的表演。节目播出后,也并不怎么受欢迎。之后,节目的经理认定埃尔维斯不适合这个节目。据传,节目经理曾对埃尔维斯说,再也不想在自己的节目上播放这种"黑鬼"音乐,还建议他回去开卡车算了。埃尔维斯沮丧地大哭,回家的路上还不小心将手提箱落在了一个加油站。

当然,节目能够在"奥普里大剧院"进行表演是一个十分难得的机会。埃尔维斯很难对这个机会说"不"。但是,当他的音乐表现出无限可能,挑战并超越了所谓的乡村音乐时,他真的甘心被贴上乡村音乐的标签吗?埃尔维斯此时对乡村音乐的忠诚有些让人费解。他真的想维护自己的"乡村"出身吗？终其一生，埃尔维斯都在试图从贫苦出身中摆脱。尽管人们一直说他的音乐不过是将节奏布鲁斯和乡村音乐结合在一起，但事实并没有这么简单，因为他的歌听起来跟汉克·威廉姆斯（Hank Williams）和"深情兄弟"乐队有很大不同。或许他的确追随了他们的足迹，但他给有些哀怨的乡村音乐注入了激励人心的能量，使之成为自由释放的摇滚乐。在"奥普里大剧院"的挫败或许是一种幸运。埃尔维斯在寻找自己的出路，如果仅仅遵循"奥普里大剧院"的规则，势必会毁了他。

在纳什维尔，埃尔维斯与自己的乡村音乐偶像厄内斯特·塔勃（Ernest Tubb）进行了一次谈话，他表达了自己对塔勃的敬仰，还告诉他自己真正的抱负在乡村音乐上。后来塔勃将这次谈话转述给彼得·古拉尔尼克："埃尔维斯说：'他们告诉我，如果我还想靠音乐赚些钱的话，我就得表演"不同的音乐"。我该怎么办呢？'我说：'埃尔维斯，你知道当有钱人的感受？'他说：'不知道，先生。'我说：'这样，你先去做他们想让你做的事情，多赚些钱。然后，你才能做你想做的事情。'"

这是一次很奇怪的对话。埃尔维斯说的话都是认真的吗？还是只是在跟塔勃套近乎？或者塔勃这么说是为了彰显自己的音乐风格？这一切我们都无从得知。但从中我们还是能看出些端倪：埃尔维斯对自己的方向有些迷茫。当他第一次把车停在莱曼大礼堂外时，礼堂的破败让他有些失望。他有些沮丧地对车里的其他人说："这就是我实现人生梦想的地方吗？"

埃尔维斯所发起的音乐变革，并不是一种自觉的行为。或许当他对太阳唱片公司的马里恩·凯斯克说出"我的声音不像任何人"的时候，他的确是在为自己的独特感到沮丧。接下来的几个月，他不停地谈起要表演那些观众真正想要看的东西。他担心自己只是个疯子。那时他真的接受了塔勃的建议吗？真的是先表演观众所需要的，然后等待属于自己的时机？初到太阳唱片公司的时候，埃尔维斯想唱的是民谣，而且他一直在唱民谣。发起一场摇滚革命，并不是他的有意设计。但一切就这么发生了。他的确热爱这种饱含情感的音乐风格，也高兴地接受着来自四面八方的认可。

在"奥普里大剧院"之后，埃尔维斯和"蓝月男孩"参加了"路易斯安那大篷车"（Louisiana Hayride），这也是一个乡村音乐秀，但不像"奥普里大剧院"那样死板。

他们每周六晚上在什里夫波特（Shreveport）演出，剩下的时间则在南方的其他城市随意接一些演出邀约，比如在达拉斯的大 D 童子军大会、基督圣体节的土风舞会、庞蒂亚克（Pontiac）的展厅、美国退伍军人协会，以及在很多校舍的演出。他们还曾在饲料加工厂表演，用卡车的车斗当舞台。后来，斯科特得到一把特制的手工电吉他，内置一种回音效果，这使他可以将录音室的特殊音效带到巡演中。埃尔维斯、斯科特、比尔三人在南方巡演的同时，他们的五张唱片的销量也很不错。埃尔维斯很快成为炙手可热的焦点。其他表演者不想跟他一起，因为他总是夺走别人的演出机会。随着他的名气越来越大，他引发的争议也越来越多。一个为他神魂颠倒的女孩儿的男朋友甚至跟他打了一架。

巡演令人精疲力竭，除了压力巨大的演出，还要不停地在城市间奔波。埃尔维斯买了一辆粉色的凯迪拉克，但在阿肯色的霍普（Hope）表演完之后，整辆车因为某个轮轴轴承起火而烧毁了。后来，会木工活儿的弗农，制造了一辆夹板拖车（有人说就像个装了轮子的屋子）运输乐队器材。埃尔维斯给拖车喷上了粉红色的漆。后来拖车爆胎，他们将它丢在了路边。

与此同时,埃尔维斯本来想要迎娶的那个姑娘迪克西·洛克,放弃了这段感情。因为他已经不在她的视线之内,当年那个安静的、爱去教堂的男孩已经不复存在了。其实,当时的埃尔维斯,女朋友遍及南方各地。格拉迪丝依然在为自己的孩子担心,除非他每天晚上都打电话给她,否则她便会寝食难安。他们曾为此事争吵过,最后他还是乖乖地按时打电话回家。

当埃尔维斯在南方逐渐名声大噪的时候,他引起了帕特·布恩(Pat Boone)的注意。帕特·布恩是哥伦比亚大学的一名学生,也是当时炙手可热的青年偶像。布恩在一张大热的专辑里翻唱了"幸运组合"(Charms)的《两颗心》("Two Hearts"),唱片由圆点(Dot)唱片公司发行。在当时白人歌手翻唱黑人音乐的领域里,圆点唱片公司很专业。布恩曾在田纳西的乡村电唱机上看到过埃尔维斯的名字,但是对于人们的宣传,他还是心存疑虑。"我想知道一个乡下人怎么会成为下一个举世瞩目的大人物的,更何况他的名字如此拗口。"他说。在某个表演现场,他主动找到埃尔维斯自报家门,他很困惑,因为埃尔维斯几乎不怎么与人有眼神接触。布恩发现,埃尔维斯说话的时候"有一种乡下人的鼻音,声音含糊不清"，"他总是低着头，就好像没办法抬头一样"。但埃尔维斯的表演震撼了全场，布恩说："他开口说话，因为乡下口音太重，大家根本听不清……只要不开口说话，他还是很棒的。"值得一提的是，帕特·布恩是乡村巨星雷德·弗利的女婿，埃尔维斯第一次在公开场合演唱的曲目就是费利的《老狗夏普》；也是费利让黑人福音歌曲《平静山谷》（"Peace in the Valley"）得以传唱，这将是埃尔维斯在"艾德·苏利文秀"上演唱的曲目。因此，从这一点上看，埃尔维斯是在仰望帕特·布恩（所以他总是低着头），因为布恩是全美知名的大明星，而自己不过是在地区小有名气。

起步时期的埃尔维斯在寻找音乐之路，也在寻找自己。在舞台上，他可以忘记自己的出身，可以暂时抛开那些使他低头的自卑感。表演的时候，他是那么自信地掌控着一切。他就像龙卷风一样横扫舞台。在尝试了他一直梦寐以求的成功的荣耀之后，他想要尝试更多的东西。

「上校」帕克

1954年至1955年，埃尔维斯在南方巡演的时候，有一个走路摇摇晃晃的大个子一直尾随着他。这个人迂回地介入埃尔维斯的演出业务，最终成为他的经纪人。与其说是经纪人，"所有人"这个词或许更合适。在猛扑到埃尔维斯面前并得到他的信任之前，这个人已经在埃尔维斯的周围潜伏了几个月。他对埃尔维斯的看法就像是面对一匹纯种的宝马，从那时起，他将埃尔维斯看做一件商品。他就是"上校"托马斯·A·帕克（Thomas A. Parker）。"上校"的名号听起来让人充满敬意，但实际上毫无意义；但帕克一直这样称呼自己，以体现自己的重要性。本名安德里亚斯·康纳利斯·范·特维克（Andreas Cornelis van Kuijk）的他，隐藏了自己荷兰流放者的身份，而且他没有任何国家的国籍——这是埃尔维斯从不知道的事实。在20世纪20年代抵达美国之后，帕克在南方的嘉年华巡演中度过了大萧条时期。逐渐地，他从帐篷表演转战推广乡村音乐，曾为艾迪·阿诺德（Eddy Arnold）和汉克·斯诺（Hank Snow）做事。他相信埃尔维斯将成为超级巨星，所以他决定掌控这个"男孩"——他一直这样称呼埃尔维斯。

当时埃尔维斯有自己的经纪人——鲍勃·尼尔（Bob

Neal），是来自孟菲斯的一名流行音乐节目主持人。"上校"通过提供更多的演出机会，逐渐接手了埃尔维斯的演出业务。他让埃尔维斯和尼尔签署了一份合同，授权他宣传埃尔维斯并洽谈演出费用。鉴于埃尔维斯当时还是个未成年人，只有父母签字合同才能生效。这份合同充满了令人惊愕的条款，在各方面保证了帕克的优先权，看起来更像是一份卖身契。因此，可以说帕克"占有"了埃尔维斯的天赋。一旦进入商业领域，埃尔维斯就显得有些无知了，他授权"上校"掌管所有他自己没有信心处理好的事宜。合同规定，埃尔维斯要预先支付"上校"两千五百美元的服务费，每场演出还要支付一百美元的管理费。当时，埃尔维斯跟自己的乐队每场演出总共只能得到两百美元的报酬。此时，帕克还没有给埃尔维斯安排一场演出。"上校"还在合同中写明了自己工作需要的费用，即使不是他安排的演出，埃尔维斯同样需要付钱给他。而且协议中约定帕克有权随时调整合同条款，在埃尔维斯二十一岁的时候，帕克的确这样做了。在那之后，帕克成为埃尔维斯的独家代理，并收取25%的额外费用。

不管别人怎样评价"上校"帕克，他的确让埃尔维斯在全美范围内的人气得以迅速提升。埃尔维斯的面前有无限的可能性，他必须做出最优同时也最有利可图的选择。在这方面，帕克既精明又无情。他是一个秃顶、肥胖的男人，跟常人不同，他走路总是摇摇晃晃。他戴着令人发笑的帽子，穿肥大的衣服，喜欢抽雪茄。他有时会穿着汗衫出现在公共场合。他说话时，像是有一种奇怪的语言障碍，听起来既有些吵又显得和蔼。其实那是他荷兰口音的缘故，但没有人知道他来自荷兰。

人们很容易将普雷斯利家与"上校"的商业组合视为最差的选择，因为普雷斯利家成了受害者。但实际上，在当时的情形下，选择与"上校"签约是相当明智的。他们所处的社会阶层要求他们讨好比他们地位高的雇主们。要么获得成功，要么滚开，他们需要二选一。他们需要一股外力，因为游戏规则本身对他们不利。像埃尔维斯这样一个来自东图珀洛的穷人，知道自己无法进入图珀洛的乡村俱乐部，也没有办法在孟菲斯豪华的皮博迪酒店进餐。他无法依靠自己进入上层社会。他不属于那个阶层，永远不会，也不愿意属于那个阶层。即使成了著名的歌星，他也始终未能融入那个阶层。

普雷斯利家知道自己需要一个向导，一个能够跟他们不信任的银行家、律师、公司老板打交道的自己人。他们甚至可能为找到了这样一个人而感到庆幸，因为这个人可以去挑战那些"大人物"，那些只会将自己踩在脚底下的"大人物"。人生就是这个样子。

在南方，到处都是三流的生意人。每个农民都要找门道售卖自己的谷物或牲畜。在这些人里面，很少有马贩子。他们因自己没有陷入底层的困苦而自大，还喜欢捉弄别人。这就是游戏的一部分。在福克纳虚构的世界里，马贩子福莱姆·斯诺普斯一点儿都不介意设计骗局。在《花斑马》(Spotted Horses)中，将一些马以超高的价格卖给顾客不是唯一的目的，而让顾客们看起来像傻子才是。当人们发现花大价钱买的马是未经驯服的印第安野马时，已经没有办法反悔这样的不合理交易了。没有恶作剧的欺骗不算完整。"上校"就是这样的人。他本身就爱搞恶作剧，有着恶魔一样的趣味。在向大众宣传埃尔维斯的时候，他用上了在嘉年华巡演中学到的所有手段。他知道，单是金钱，自己无法满足。

或许埃尔维斯和父亲将"上校"看成了类似马贩子的人物，因为人们经常喊他"老骗子"。他们知道帕克肯定很擅长这份工作，因为任何人都能看出他的圆滑，他清楚怎样做生意。埃尔维斯和弗农也意识到,当他们雇用了这样的一个人时,这个人肯定会为了自己扭曲事实。他们知道帕克会谋取私利,但他们接受这种行为,因为"上校"可以让他们获得超乎想象的财富。如果埃尔维斯能赚一百万美元,就算是被"上校"分走一半,对于这个曾在皇冠电力公司当卡车司机、每周只能赚三十七美元的男孩子而言,剩下的还是相当可观的。

弗农自己多多少少也算是个生意人,对于金钱既谨慎又吝啬,做生意的时候尤其如此。"上校"在劝说弗农的时候遇到了一些小麻烦,他甚至能看到弗农眼中对金钱的渴望。但维护家庭尊严的格拉迪丝,并不相信"上校"。她称他为"花言巧语的飞镖"。他不得不恳求她,他非常善于恳求。在他自己的圈子里,他自称"巧嘴儿",因为在花言巧语欺骗人这件事上,没人能胜过他。况且,"上校"对于如此多财富的许诺,对埃尔维斯的家人来说,真的没有办法拒绝。

如果有个直言直语的美国人来到普雷斯利家,要求成为埃尔维斯的经纪人并且只需要 10% 到 15% 的代理费,普雷斯利家的人可能会因为这个人独断的姿态和北方口音,而不与他合作。但"上校"如此友善、充满魅力并且有着无穷尽的新奇点子——他曾经租来一头大象,上面披着宣传埃尔维斯的广告,他牵着大象招摇过市。尽管最后格拉迪丝同意签署合同,但她还是保留了自己的判断。她很担心,不知道功成名就会为埃尔维斯以及这个家庭带来怎样的影响。格拉迪丝是个很容易与人亲近的人,但却与"上校"帕克很难亲近起来。

此后,帕克便去了太阳唱片公司洽谈埃尔维斯的合同事宜。他认为山姆·菲利普斯是微不足道的。他还跟美国无线唱片公司达成协议,后者会购买埃尔维斯与太阳唱片公司的合同。当时的合同转让金额达到了前所未有的三万五千美元。尽管菲利普斯很看不上"上校"这个人,但他的确需要钱,而且他知道自己没有能力再为埃尔维斯制作、推销唱片,也跟不上他迅速提升的人气。后来,菲利普斯声称对于放手自己发现的宝藏这件事,他毫不后悔。

1955年11月21日,埃尔维斯与美国无线唱片公司的维克多分公司签署了合同,一张洋溢着欢乐的照片被刊登在报纸上。格拉迪丝吻着埃尔维斯的脸颊,手提包随意地垂在身侧。"上校"站在她的旁边微笑着,一只手搭在格拉迪丝的肩头。弗农在埃尔维斯的另一侧,站得很直,脸对着上校。

第二天,埃尔维斯发了一封电报给"上校"帕克。他写道:"亲爱的'上校',任何言语都无法表达我和我的家人对您的感谢。我一直知道您是最棒的,是我梦寐以求的工作伙伴,我的家人现在也承认了这一点。相信我,不管遭遇多大的困境,我都会跟您在一起;我会用自己的努力回报您对我的信任。再一次谢谢您,我爱您就像爱我的父亲。埃尔维斯·普雷斯利。"

功成名就

在与美国无线唱片签合同之后,"上校"知道到了该带埃尔维斯去纽约震撼全美的时候了。1956年,在苏联的人造卫星发射的前一年,埃尔维斯·普雷斯利已经成功升空了。这一年,是属于埃尔维斯的一年。当他的节目被全国直播的时候,南方大部分地区会出现一种集体狂喜,因为他的荣耀就是整个南方的荣耀。

这年上半年,埃尔维斯在美国电视广播网的节目里做了九次表演。他在RCA唱片公司的第一首歌《伤心旅馆》("Heartbreak Hotel")成为4月的冠军单曲,接下来5月发行的第一张专辑连续十周蝉联《公告牌》专辑榜冠军。然后他去好莱坞试镜,并签署了电影合同。他继续四处巡演,地域更广阔,演出场地也愈加宽敞。包括普雷斯利家人在内的全美观众,都对他的表现目瞪口呆。金钱滚滚而来。仅4月一个月,埃尔维斯就入账七万七千美元,大约相当于现在的五十万美元,这还没把如今娱乐产业的通胀因素考虑在内。除去管理费、佣金和其他支出,埃尔维斯能拿回来的连一半都不到,而且是税前收入。尽管如此,这仍是一大笔钱。他用四万美元的现金给父母买了一套新房子,还买了一辆凯迪拉克豪华敞篷车。

在纽约进行的一次为埃尔维斯举办的见面会上,他对别人说:"这一切都发生得太快了,在我身上发生了太多事情……有些夜里我甚至无法入睡。这让我感到害怕。"

很快,埃尔维斯就被卷入了一场混乱的风暴。他的唱片逐渐受到了南方工人阶层之外的人的欢迎,虽然南方工人仍能在音乐中找到兄弟般的熟悉感觉,但音乐的节奏与激情也得到了中产阶层年轻人的充分认可。在他熟悉的领域之外,人们将他视为异类,这并未影响他的人气飙升。《时代周刊》和《新闻周刊》无形中使这种现象变得更为普遍。《生活》杂志刊出了名为"咆哮·乡下人·成功"的文章。人们鼓励他、狂热地欣赏他,在这样汹涌的关注下,埃尔维斯有些不知所措。他的确飞得很高,但内心里依然缺乏安全感。他接受《孟菲斯弯刀报》(*Memphis Press-Scimitar*)采访时说:"我只是想努力做一些事情,我不希望家乡的人觉得我很自以为是。"

火箭升空必然颠簸,人的成名也是如此。有关埃尔维斯的争论一直沸沸扬扬,但6月他在米尔顿·伯利(Milton Berle)的电视秀上演唱完新歌《猎犬》之后,引发了全国性的反感。在这首歌快结束的时候,埃尔维斯的舞蹈动作逐渐慢下来变成了脱衣舞娘般的扭胯。中产阶级和中年美国人近乎一致地出离愤怒了。对他的谴责犹如火山爆发一般，他们说埃尔维斯是粗俗下流的，是美国青少年的巨大威胁。对于这些攻讦，埃尔维斯既气愤又深感受伤。他抗议说，"米尔顿·伯利秀"的另一个嘉宾黛博拉·佩吉特（Debra Paget）穿了"屁股上有羽毛的紧身衣，不停地摇摆……伙计，她看起来比我过分得多"。当攻击越来越多的时候，你能在他的语气中听出他的反抗。埃尔维斯无法接受批评，更何况短时间内如此集中的批评。他声称自己是无辜的，那些动作都是自然而然的。"当我唱这首摇滚歌曲的时候，我不会眨眼，双腿也不会定定地站在那里。我不介意别人怎么说，我的表演一点儿都不下流。"他自认为是一个敬畏上帝、品行端正的人，所以当他听到很多批评的声音来自牧师的时候，他尤其感到难过。在狂热背后，人们未曾说出口的恐惧在于，埃尔维斯在种族问题上越界了。有人形容他野蛮得令人作呕。阿拉巴马白人工人委员会公开抨击，"这满是肉欲的黑鬼波普爵士乐"。

文化精英们说他既没什么天赋，又缺乏正规训练，还不懂传统和克制，人们不会包容他，更不会原谅他。尽管很多成年人都被埃尔维斯吓到了，但大多数青少年都很爱他。在20世纪50年代，在战后美国的社会繁荣里，这是必然的现象。在"贝蒂妙厨"（Betty Crocker）和《老爸大过天》（*Father Knows Best*）的完美世界里，年轻人开始寻找一些不完美的东西。埃尔维斯诉说了他们对战后的美国不满的心声。年轻人将《无因的反抗》（*Rebel Without a Cause*）中的詹姆斯·迪恩视为自己的叛逆偶像。如今，他们又选择了埃尔维斯，作为处于叛逆期的年轻人造反运动的化身。很短的时间内，他们就消化了上百万张《猎犬》唱片，但他们并不知道这音乐从何而来。"埃尔维斯"这个名字对他们来说是神秘的，对他们的父母来说同样神秘。

埃尔维斯跟自己的新听众很不一样。尽管他体内也充满了反叛的力量，但他所对抗的跟他的歌迷所对抗的，并不是同一种东西。他反抗贫穷，而他年轻的歌迷们则反抗富有；他希望自己能被接纳，而他的拥护者更爱特立独行。埃尔维斯期待自己能像詹姆斯·迪恩一样，而不是像《无因的反抗》里那个被误解的年轻人。在埃尔维斯的眼中，詹姆斯·迪恩既是一个浪漫多情的男人，又是一个成功的电影明星。埃尔维斯既无心反抗传统，也不属于接下来的"嬉皮士"浪潮中的一员。他代表的是那些为了自己的幸福努力拼搏的穷人,而不是那些因对社会不满而弃船逃走的富人。

在埃尔维斯的日程表上,"米尔顿·伯利秀"之后应该上"史蒂夫·艾伦秀"了。卫道者催促艾伦取消埃尔维斯的表演。艾伦知道让美国最炙手可热的明星上自己的节目意味着什么,所以他并未取消演出,但他许诺,埃尔维斯"任何令人不快的表演都不会被允许"。最终,艾伦用一个令人不快的招数,确保了埃尔维斯的"不出格"。考虑到埃尔维斯性感魅力的威胁,艾伦让他隐藏了自己的幽默感。被迫穿上无尾燕尾服的埃尔维斯,不得不把"猎犬"唱成"巴吉度犬"——即使听起来很矛盾,但这个"乡下人"的确在尽力表现得文雅一些。歌里的那条猎犬,好像也穿上了燕尾服似的。埃尔维斯努力地配合,表演的效果却显得十分滑稽。在接下来的滑稽短剧中,埃尔维斯被安排参演一个乡下人售卖玉米饼的故事。史蒂夫·艾伦、安迪·格里菲斯(Andy Griffith)、伊莫金·科卡(Imogene Coca)分别扮演了故事中的乡巴佬顾客。乡村土包子、倒霉的乡巴佬经常被当做节目的笑料,艾伦对这些人的调侃到了无所不用其极的地步。他扭曲了埃尔维斯的音乐,将歌曲掩饰在可笑的动作和陈腐的腔调背后；他攻击的不仅是音乐，更是埃尔维斯本人。当时的埃尔维斯觉得自己就像个傻子。艾伦甚至故意念错他的名字，他将普雷斯利中的"斯"故意念成了"兹"。"史蒂夫·艾伦秀"是埃尔维斯第一次全方位地接触电视领域的空洞与不真实。此后不久，埃尔维斯说那是他第一次觉得自己被贩卖了。

埃尔维斯明白，真正的问题不在于他的音乐和性感魅力，而在于他贫穷的乡村出身。在音乐生涯的最初期，他曾被称为"乡村野猫"（The Hillbilly Cat）对于这一宣传噱头，他一点儿都不喜欢。史蒂夫·艾伦通过把埃尔维斯丑化为一个无足轻重的莱尔·阿伯纳（Li'l Abner）式的卡通形象，摧毁了他的性感魅力。埃尔维斯和他的家人感受到了深深的侮辱。普雷斯利家的人一直在努力，不想被人当成乡野村夫。在当时，"乡下人"是个贬义词，意味着他们不过是愚昧无知的"白人垃圾"。他们自食其力，想获得成功，想被当做体面人看待。他们努力奋斗，想要克服弗农在帕奇曼监狱农场劳教的耻辱（公众一直不清楚弗农的劳教经历）。尽管当时埃尔维斯也许没有说什么，因为他一直被当成下等人看待；但电视节目对他的操控，的确是一种羞辱。许多年后，"上校"声称自己曾参与"巴吉度犬"的改编计划。对"上校"这个善于欺诈和表演的"电视动物"而言,当年的表演或许是一个不错的节目。

从某种程度上讲,埃尔维斯知道自己将要遭遇什么。他一直都很清楚,从自己的族群里走出去是一个冒险的选择;他也知道,自己将很容易遭到攻击和羞辱。不幸的是,他的天真(而不是笨拙)有时候的确会给人留下一种很乡土的印象,而这正是他想要避免的。那年的早些时候,当他第一次到纽约跟新签约公司RCA的工作人员见面时,他穿了件淡紫色的缎带衬衣,脚上则是蓝色的鳄鱼皮便鞋。跟唱片公司的发行总监握手时,他在手心里藏了一个电蜂鸣器,这大概是十岁的孩子才会玩儿的游戏。"他真的很有礼貌,但他真的不知道自己在做什么。"唱片公司发行人弗雷迪·宾斯托克(Freddy Bienstock)说。

不久之后,纽约人终于发现了他的魅力、谦逊和幽默感。唱片公司的主管们对此印象深刻,他们说埃尔维斯是一个敏锐的观察者,还是个"学东西很快"的人,同样的错误他不会犯第二次——至少在礼节方面,因为这对他融入群体和正当行事极为重要。类似电蜂鸣器那样的事情再也没发生过。但是在纽约,他似乎有些不得其所。人们好像都有一种优越感。记者们听到他用"帮助父母"来阐述自己的音乐梦想时，觉得有些难以理解。

"艾伦秀"闹剧的第二天，他进了录音室录制新唱片。在录音室外面，歌迷们举着写满大字的牌子："我们需要真正的埃尔维斯"，"我们需要舞动的埃尔维斯"。在录音室里，埃尔维斯第一次接管了录音事宜，他坚持把每首歌都做到最好，其中《别太残忍》("Don't Be Cruel")录了二十八遍，《猎犬》则录了三十一遍。不久后，他将获得"完美主义者"的名声。埃尔维斯知道自己该做什么来保证自己的完整性；他注定了要证明自己，也注定了要表达自己的意见。或许他记起了自己转签 RCA 公司时山姆·菲利普斯对他说的话。"看，现在你已经知道该怎么做了。到了那边，也不需要别人的指指点点。"山姆说，"他们相信你，也投了不少钱，所以你要让他们知道你的感受，也要让他们知道你想做什么。"

在"史蒂夫·艾伦秀"上的遭遇，加剧了埃尔维斯的不安全感；但这或许也鼓舞了他掌控自己艺术风格的决心。相比 RCA 公司的人，他更了解自己的音乐。早些时候在纳什维尔录制《伤心旅馆》的时候，切特·阿特金斯是这首歌的录音主管，但他跟埃尔维斯对音乐的理解少有共同之处。如今,埃尔维斯可以按照自己的理解进行了。他脑海里的音乐丰富、繁杂且充满神秘感,他开始工作,将这些转化成一首首充满力量、生气勃勃的歌曲。在录制《猎犬》的时候,他实际上成了自己唱片的制作人,就像在太阳唱片公司时山姆做的那样。一天之内,埃尔维斯录好了《猎犬》、《别太残忍》和《由你决定》("Any Way You Want Me"),所有这些歌都将成为畅销金曲,也将把埃尔维斯的蓬勃朝气传递给世界,让他成为RCA公司有史以来最成功的艺术家。

在埃尔维斯之前的人生里,一直有各种权威告诉他怎么去做。但如今,他已经成长为一个自由的艺术大师。他放任"上校"帕克去做所有的商业决定,"上校"也慷慨地答应不会介入他的私生活和专业领域。埃尔维斯从未怀疑过这样的分工,但恰恰是这个看似合理的安排,成为后来的一个陷阱。

1956年,他的职业生涯风生水起的那年,摄影师艾尔弗雷德·沃斯米尔(Alfred Wertheimer)跟随他拍摄了三千多张照片。这些照片见证了他成为巨星的过程,也记录了他在RCA纽约录音室里工作的场景。这时的埃尔维斯才二十一岁,还有些幼稚,被自己的名气搞得有些迷茫。他既想沉溺其中，又想远离旁观。沃斯米尔甄选了很多拍摄角度，在保留埃尔维斯纯真、内向的同时，最大程度地掩饰他的紧张和不成熟。这些照片使埃尔维斯看起来既视野广阔又深思熟虑，就好像"纯真版"的埃尔维斯见证了"明星"埃尔维斯的成名之路一样。他就像是个娃娃脸的试验品。那些照片会给人这样的感觉：一个帅气的男孩儿准备好了迎接整个世界。

录音结束后，埃尔维斯坐火车回了一趟故乡孟菲斯。沃斯米尔自费跟拍，这样他就可以记录年轻偶像衣锦还乡的过程了。7月4日当晚，在拉什伍德公园的演唱会上，埃尔维斯对孟菲斯的老乡们说："你们知道，纽约那些人不可能不让我做些改变。今天晚上，我会让你们看到真正的埃尔维斯！"

奥杜邦路

1956年7月4日，埃尔维斯乘坐的火车抵达孟菲斯的时候，列车员让他在当地车站的附近下了车。他走了大约两英里才到家。走在路上，没有疯狂拥挤的人群簇拥着他，这样的经历在他的生命中即将不复存在。他有些飘飘然，史蒂夫·艾伦的羞辱被他抛在脑后了。他制作了一些无与伦比的唱片，此刻他正自豪、坚定地走在回家的路上。

他要回的家是新家，在时髦的奥杜邦公园区。家人3月的时候刚刚搬进来，还没有完全适应房间里炫目的灯光。埃尔维斯一直希望母亲能有个舒适的房子，有崭新的家具和能种菜的后院。在他很小的时候，他就立志帮父母脱离贫穷；如今，他终于给他们买了梦想之家。那辆他很久之前就向母亲承诺了的粉色凯迪拉克，正停在家里的车道上。

他到家的时候，正赶上给游泳池注水。因为水泵还没装好，只能把一根花园用的软管接在厨房的水龙头上。埃尔维斯跳进游泳池中，跟自己的表兄弟们嬉闹，尽管池中的水只有几英寸深。事实上，埃尔维斯并不会游泳，但重要的是，他们有了自己的游泳池。那一天，亲朋好友挤在埃尔维斯周围，庆祝他的成功。歌迷们成群地围过来，他们在敞开式车库后的尖桩篱笆外站成一排，看埃尔维斯和他的亲朋们坐在露台上聊天，在游泳池中嬉戏。

我十六岁的那年夏天，父亲带我们全家去了孟菲斯动物园。那是我们第一次去动物园，也是第一次去大城市，所以我们对什么都感到新奇。但那时我心里真正想的却是：奥杜邦路在哪儿呢？每个人都知道埃尔维斯在奥杜邦路为父母买了一栋房子。我曾在杂志上看到过房子照片。照片中的埃尔维斯悠闲地待在自己粉色的房间里，屋里到处是歌迷们的来信和泰迪熊。或许，我可以通过一辆停在车道上的凯迪拉克发现这栋房子？我一直睁大双眼，望向车外。

我不敢要求父亲在孟菲斯的大街上开车寻找奥杜邦路，但我们的确路过了一个很好的社区。尽管去一个明星的房子周围偷窥几眼是很荒唐的想法，但我记得自己依然幻想着这里是否离埃尔维斯的房子不远，也幻想着与他偶遇的各种可能。如果我们的亲戚或者邻居里出了一个明星，或许我们会感到敬畏而不情愿去接近他们吧。何况他们买凯迪拉克不就是为了炫耀自己的财富吗？很久之后我才知道，如果当时我像那些来自四面八方并长期在那里露宿的歌迷一样去奥杜邦路的话，或许会看到穿着家居服的格拉迪丝。她会给我们端来一盘曲奇,甚至有可能邀请我们进屋。我甚至还有可能看到在某辆凯迪拉克方向盘后面的埃尔维斯。他们看起来就是普通的、友善的平民百姓。每个人都这么说。

普雷斯利家的新房子,是继当年弗农用双手盖的小房子之后第一个真正意义上的家。这是一栋豪华的乡村别墅,有四间卧室,堪称梦想居所。如今,乡村别墅听起来既平常又普通;但在当时,这样的房子就像如今任何一栋宽敞奢华的房子一样,令人心生艳羡。奥杜邦路上的房子多数是木质结构,有黑色的百叶窗;卧室内有面砖墙作为装饰。房子内部既宽敞又舒适,地上都铺设了地毯,墙上是植物花卉图案的墙纸,客厅内还有一个白瓷砖的壁炉。

在以前,这样的房子,格拉迪丝是连想都不敢想的。普雷斯利家的人曾在公租房里居住,房间狭小而且破败,跟其他房客共用一个很脏的卫生间。在图珀洛,他们还曾租过一个没有装修的房子,里面甚至没有自来水管。如今,困窘的生活总算结束了。终于,像其他人一样,他们有了自己的房子,一栋有各自的卧室和两间浴室的房子。而且,这栋房子里没有老鼠。

如今，格拉迪丝有了两个最先进的壁炉。埃尔维斯还给她买了一个新的电油炸锅和两个万能搅拌器。这两个搅拌器分别放在厨房台面的两端，这样格拉迪丝就不用端着它们走来走去了。家里还买了丹麦风格的家具，在20世纪50年代这很特别。格拉迪丝并未改变自己节约的本性，她将旧家具收存在一个闲置的卧室里（里面还有无数歌迷的来信），还一直抱怨希尔斯百货的地毯为何如此昂贵。房子很新，根本不需要重新装修，所以埃尔维斯的卧室是有些女性化的粉色。如果换掉所有的壁纸、给家具重新喷漆的话，将是一种巨大的浪费。但渐渐地，埃尔维斯的父母还是喜欢上一些奢华的东西。格拉迪丝在墙纸上贴了一些与音乐相关的画，还摆设了一些跟音乐相关的陶器。埃尔维斯不在家的时候，她和弗农又把天井的一部分改造成一个佛罗里达式的玻璃房。但这并没有维持多久。埃尔维斯逐渐表现得更像一家之主，他有了更好的点子。他拆了房子的新墙，让房间直通到泳池旁。然后，他又铺设了红地毯、换上桃花心木的镶板，并辟出一间小浴室，铺满了小小的绿松石。他把敞开式车库改造成一个双车车库，而之前的独立车库则变成了泳池旁的景观房。他如今支付得起的异想天开的奢华,将在他后来的人生里一直延续下去。

奥杜邦路上的房子并不招摇,也不会让人觉得普雷斯利家无力支付。埃尔维斯的父母过得很自在。他们终于有了足够大的空间,将之前不曾拥有的现代化设施搬进来。埃尔维斯的祖母明尼·梅·普雷斯利(Minnie Mae Presley)一直跟他们住在一起,她在这里过得也很舒适。埃尔维斯可以拥有他需要的一切了,经济压力也烟消云散。他们自己过得很开心,也可以邀请所有的亲朋过来。格拉迪丝有了自己的花园。她的玉米秆斜靠在涂白的木桩上。她种了紫壳豌豆,烹饪后会变成棕色。在这个"新世界"里,他们还可以养些宠物。普雷斯利家的人都很喜欢动物。他们养了小小的绒毛狗,分别取名为"博伊德"和"甜豌豆"。埃尔维斯还弄来了一只名为"杰休"的猴子,养在一个装有秋千的巨大笼子里。

尽管房子很棒,但这里的生活并没有让格拉迪丝完全满意。之前住在劳德代尔(Lauderdale)政府公租房的时候,她经常拜访自己的邻居、分享各自的生活和周围的信息。但奥杜邦路上的邻居很少来往,而且彼此间也没什么共同的兴趣。格拉迪丝觉得自己被孤立了。埃尔维斯出去演出的时候,她和弗农不知道该做些什么,周围上层社会的邻居也令她感到拘束,弗农倒是经常出去走。因为不能养鸡,格拉迪丝总觉得烦躁。她只能不停地整理剪贴簿,让自己忙碌起来,没什么事做的时候,她会跟明尼·梅一起看看电视。

埃尔维斯的父母习惯了节约。格拉迪丝会把洗完的衣服晾在外面,这是聪明的选择,因为用昂贵的机器烘干还不如在太阳底下晾干。弗农更节约,他经常自己修补围墙、房屋,而不是雇人来做。每次埃尔维斯回来心血来潮地拆掉一堵墙并恣意挥霍的时候,弗农都会说:"老天,又来?!"

这栋别墅就像是座宫殿,格拉迪丝和弗农对房子的硬件设施十分满意。但埃尔维斯却总觉得受了拘束,他想去野外。于是他买了哈雷摩托车,还弄来一只猴子。歌迷们挤在车库里,看埃尔维斯骑着摩托车在后院画"8"字形或者去邻近的地方。有些歌迷会偷一块草皮作为纪念,有些歌迷会试图从灯柱上拆一块砖,还有些人会偷走晾在绳子上的衣服。

那年年底,圣诞节的时候,埃尔维斯买了一棵能找到的最大的圣诞树,在里面藏了许多昂贵的礼物。

七月的朱恩

1956年夏天,埃尔维斯似乎拥有了一切。尽管他的品性遭受了许多诟病,但他获得了名望、财富和自由。他给父母买了他们值得拥有的房子,还有了一个想娶回家的女朋友——朱恩·胡安妮可(June Juanico)。许多年后,他曾对朱恩说,在密西西比的比洛克西(Biloxi)与她一起度过的田园牧歌式的夏天,是他一生中最美好的一段回忆。朱恩在她的回忆录《朦胧记忆中的埃尔维斯》(*Elvis: In the Twilight of Memory*)中,以反思、幽默和尖锐的笔触回想这段感情的时候,发现它很感人。她生动描述的埃尔维斯,是一个敏感、充满魅力的年轻人,在自己新获取的特权下,一直努力创造一种真实、正常的生活。在他被演艺圈的众多诱惑吞噬之前,或许这是我们所能见到的"真实的埃尔维斯"——"纯真"的埃尔维斯的最后一瞥。

从纽约回到家里以后,埃尔维斯这次真正意义上的假期持续了一年多的时间。他与朱恩·胡安妮可相识于一年前,那时候他还不是红遍全美的明星。他们曾整夜待在码头,聊天、亲吻、了解对方。分别时,他们都很希望能再次见到对方,但因为沟通不畅他们失去了联络。1956年7月的一天,朱恩跟自己的女伴们一起来到孟菲斯,并开车到奥杜邦路想看一眼埃尔维斯的新家。埃尔维斯跟父母开着粉色的凯迪拉克参加完葬礼回来的时候,朱恩正弯着腰透过白色的栅栏看正在施工的游泳池。她觉得有些尴尬。

1955年朱恩与埃尔维斯初次相识的时候,他只发了一张热门唱片,仅是当地的一个小明星;一年后,当他们再次相遇时,埃尔维斯和他的世界已经发生了翻天覆地的变化。不过,他们很快就重拾了最初的情愫。很快,朱恩就融入了埃尔维斯的家庭生活。尽管弗农很少表达自己的意见,但格拉迪丝已经准备好让埃尔维斯认真地考虑一下感情问题。朱恩帮助格拉迪丝种植紫豌豆、做饭,格拉迪丝则指导她做埃尔维斯喜欢吃的鸡肉。格拉迪丝还考验了朱恩在持家和缝纫方面的能力。朱恩后来说,自己曾做过衬衣,而格拉迪丝检查了"包边、腰身、拉链甚至背后的褶子"。

那个夏天,埃尔维斯绝大部分时候都跟朱恩在比洛克西度过。他一生中跟女人的交往,如今已成为传奇。据说,他早期在巡演的时候,每晚都会换一个不同的女伴。但在他交往过的所有女孩中,朱恩·胡安妮可有着一个独特的位置。因为在埃尔维斯真正成为超级巨星之前,她是最后一个跟他有着真正意义上感情的女孩。朱恩比埃尔维斯年长,而且比他第一个认真交往的女友迪克西成熟。她活力四射、开朗、喜欢玩乐,独立而且坚强,不会因为埃尔维斯的名气而恭维他,甚至不是他的歌迷。她曾经想,埃尔维斯这样美妙的声音,为什么不唱《彩虹尽头》("Over the Rainbow")这样的民谣,而去唱奇怪的《猎犬》呢?她也喜欢唱歌,曾跟埃尔维斯合唱过《活在别处》("Let the Rest of the World Go By")和《再上马鞍》("Back in the Saddle Again")等曲目。

埃尔维斯是跟伙伴们一起去的比洛克西,他们在高尔夫球场旁租了一栋小别墅,一直待到有一天因为放烟花被赶出来。跟朱恩和她的朋友们度过的那个夏天,埃尔维斯非常欢乐。他在她身上没怎么花钱。他们吃饭要么在小饭店,要么去咖啡馆,大抵是些芝士汉堡类的东西。只有一次,他们在新奥尔良吃过一次海鲜三明治。他们也不逛商场。他几乎没送过她什么礼物,更没有送车(后来他养成了送车给自己信任的人的习惯)。尽管他赚得盆满钵满,但这个7月他几乎没有挥霍金钱。他并不熟悉奢侈、阔绰的生活方式,除了买凯迪拉克和哈雷摩托车之外,他其实并不知道怎么处理自己的新财富。

他的巨星荣耀几乎没有介入他跟朱恩之间的爱情,交往期间他也没有奢侈消费。这段感情看起来既平常又真实,没有虚荣炫耀,彼此也没有强烈的占有欲。埃尔维斯没有穿在孟菲斯或者巡演时那种夸张的演出服。比洛克西很热,朱恩大部分时间都穿着短裤和凉鞋,埃尔维斯则是简单的短袖衬衫和裤子。他们经常游泳、滑水橇和骑马。因此,埃尔维斯被晒得很黑。他们还去玩射飞盘的游戏,用BB枪射击从一个手柄机器中发射的转速四十五的飞盘。晚上的时候,他们会去鸡尾酒小酒馆。他们还会开车去新奥尔良。在那里,埃尔维斯得到了自己的第一把枪——一把猎枪,是朱恩母亲的男朋友送他的礼物。对当年母亲坚持给他买吉他而不是来复枪的埃尔维斯来说,这份礼物让他十分兴奋。

埃尔维斯邀请自己的父母来比洛克西。弗农从四处谋生的生活中解脱出来后,还未习惯自己的自由。他总是很安静。但他对路标上指示的短尾鳄幼崽产生了浓厚的兴趣,一定要停下来去探究一番。朱恩和埃尔维斯带着弗农夫妇去深海钓鱼。当时格拉迪丝穿着粉色的裙子,戴着太阳镜。尽管她有些害怕,但还是钓上来一条五十磅重的狗鱼。她准备了花生、黄油和香蕉做成的三明治,在埃尔维斯忙着钓鱼的时候喂给他吃。那天结束以后,她说:"我觉得自己就是小孩,我还想让别人来照顾我呢。"

朱恩·胡安妮可回忆说:"普雷斯利夫人望向埃尔维斯的眼神,既温柔又充满了深切的担忧。她是如此地担心自己唯一孩子的安全。从她的眼神中,你还可以感受到他们过去的艰难岁月,虽然现在她已经衣食无忧。我想她看起来比实际年龄苍老,跟所有这些担忧不无关系。另一方面,寡言少语甚至无动于衷的普雷斯利先生,尽管头发灰白,却比实际年龄看起来年轻许多。"

他们出海钓鱼的那天,也是以《别太残忍》和《猎犬》为主打歌曲的唱片正式发行的那天。到那年年底,这张唱片卖出了四百万张。那年夏天,这两首歌几乎霸占了电视和广播。但朱恩·胡安妮可很少聊起与埃尔维斯职业相关的新闻,对他的新唱片和他对唱片的想法也没什么兴趣。因为远离了名气带来的压力,埃尔维斯放松下来,沉浸在爱情里。他们很亲密,埃尔维斯跟她分享了自己延续一生的望月嗜好:他会盯着月亮直到出现蓝色的光晕。"现在,让你自己彻底地放松,集中注意力在月亮和星星之间。不要想其他任何事情!想象自己正在漂浮。

如果你足够放松,你就能跟它们一样悬在天上。"他向她发誓说自己是认真的。"当你说一些人们听不懂的事情时,他们会觉得你疯了。"他说。作为回报,她送给他一本卡利·纪伯伦(Kahlil Gibran)的《先知》(*The Prophet*),一本她深爱的书。后来我们从其他渠道了解到,这本书埃尔维斯读了很多遍,常常陷入沉思和冥想。而且,这本书后来一直被他摆放在床头。

就像朱恩·胡安妮可说的那样,两人疯狂地相爱了。埃尔维斯向她许诺三年后一定娶她。因为"上校"(那个承诺过不干涉他私人生活的人)不允许他现在结婚,因为事业正处于上升期。虽然朱恩从未见过"上校",但她已经开始讨厌他了。

逐渐地,朱恩开始发现埃尔维斯性格中戏剧化的一面,这跟他的爱好和幽默感很不协调。游泳的时候,她发现埃尔维斯眼睛下面有一些黑色的污点,他承认那是因为涂了睫毛膏。可以说,睫毛膏事件还只是个伏笔。为了脱离那些一直伴随他成长的艰难而又残酷的现实,他将会越来越严重地依靠这些矫饰。那个夏天田园诗般的生活,也不可能抹去他根深蒂固的回忆。

很快,他又回归了"明星埃尔维斯"的生活。当他动身去佛罗里达进行一次为期十二天的巡演时,他坚持让朱恩和她的朋友们陪他一起去。在此之前,跟朱恩在一起的那个埃尔维斯是一个活泼、温柔、有爱且充满魅力的人。在比洛克西,大部分时间他都很自信、放松、有趣而且随和。他新获得的名声让他自信,而且让他意识到了自己的力量。他克服了自己的痛苦和羞涩。在比洛克西,跟朱恩和她的朋友们在一起时,他很自在;但一旦回归名利场,他固有的羞耻感和不自信就都回来了。在跟后台的拥挤人群打交道时,他还是那个局外人,自卑且犹豫不决。似乎只有登上舞台的时候,他才能获得自由。

佛罗里达的巡演日期安排得很紧,十二天共演出二十七场,平均每天要演两三场。因为受不了观众的狂热,朱恩和朋友们缺席了很多场表演,要么去购物,要么去海滩散步。她站在人群后面,不跟歌迷们挤,但她依然能看到歌迷眼中的埃尔维斯:无懈可击的美好、性感,有天赋和生命力。一年前她第一次看到他的时候,她就知道这是自己见过的最绚丽的生命。但此时,朱恩有些退缩了。她看到了歌迷们的空虚,知道了埃尔维斯要在职业生涯中耗费的时间与精力,她感受到了格拉迪丝感受到的那种危险。

朱恩憎恨"上校"帕克,因为看起来是他控制了埃尔维斯,而埃尔维斯也向他屈服了。当有传言说埃尔维斯已经订婚的时候,"上校"强迫埃尔维斯公开发表声明,否认这种说法。朱恩曾说"'上校'是个彻头彻尾的骗子"。朱恩注意到,他甚至在巡演的纪念品售卖处喊:"女士们,先生们,快过来看看!"

朱恩对歌迷们的狂热和演出的压力很不满,我们从她的讲述中很容易便能发现埃尔维斯也不善于处理这些问题。他逐渐成长为一个成熟的音乐家,想要继续提升自己的音乐水平、开拓自己的音乐疆界,尝试更多的东西。他一直想取悦别人,但同样希望以自己的方式完成。外界那些对他个人形象的批判,让他苦不堪言。他尤其讨厌那些标签式的说法,比如"骨盆埃尔维斯""摆臀先生"和"乡村小野猫"。在佛罗里达巡演期间,埃尔维斯接受了《电视指南》(*TV Guide*)的采访。这是一次很著名的采访,为了维护自己的歌迷,埃尔维斯发了一次脾气。之前有一篇评论说埃尔维斯的歌迷都是"白痴",对此,埃尔维斯回应说:"他们都是父母的孩子,是在体面家庭中长大的体面的孩子,没有人可以无缘无故地称这些孩子为'白痴'。"有人用"圣滚者"（Holy Roller）这个带有轻蔑意味的词形容他的时候，他真的生气了，因为这亵渎了他的宗教信仰。这个词含沙射影地嘲弄了他的舞蹈和音乐。埃尔维斯说："你们知道我一直都去教堂，人们在那里唱歌，我也站起来跟大家一起唱，一起赞美上帝。我从来没用过这样的字眼。"

"你唱的是摇滚乐吗？"记者挑衅地问。

在杰克逊维尔（Jacksonville），郡法官警告埃尔维斯注意自己的言行，否则会逮捕他。"我不知道自己哪里做错了，"埃尔维斯说，"我妈妈从没说过我哪里做得不对。"在杰克逊维尔，埃尔维斯拒绝放弃自己对演出的控制权，像往常一样，通过自己出其不意的招牌动作——在舞台上站住不动、突然弯曲自己的食指，他引发了一波波大家熟悉的歇斯底里。站在舞台一侧的朱恩，听到埃尔维斯冲着观众席中郡法官的方向说了一句"真是去你妈的"。他的声音没有穿透人们的尖叫，但站在那里的朱恩，的确是听到了。

"我发誓再也不会让他们这样对我了！"埃尔维斯稍后对朱恩说，"如果我他妈的再来这里的话，他们不如从后台把我拖出去毙了。"

以前她只是偶尔听到过埃尔维斯的咒骂,但在这次巡演中,他的咒骂从未停止。埃尔维斯的压力让她很不安。他总是被经纪人、官员、保镖、媒体、唱片发行商和歌迷包围着。像以前那样以自己习惯的方式陪在他身边,现在已经不可能了。逐渐地,她还发现,当埃尔维斯自己的朋友聚集在他周围时,他会变得很好胜,他试图像他们一样强硬、大男子主义。而且,他的占有欲也让她很痛苦。她发现了他性格里的不稳定和潜藏的暴力情绪,当这些现实的碎片闪现在她的眼前,她知道,对于站在即将到来的旋涡中心的他们两个来说,会非常艰难。

在佛罗里达巡演的喧嚣和狂乱结束之后,朱恩清楚地知道,演艺界不适合自己。而且她开始怀疑,以埃尔维斯的冲动和不安分,他将不会继续倾心于她。尽管她对埃尔维斯的爱只增不减,但当埃尔维斯邀请她去好莱坞看他拍摄自己的第一部影片——讲述美国南北战争的黑白片《铁血柔情》(*Love Me Tender*)——的时候,她还是拒绝了。不过,他们几乎每天都会通电话,他将在好莱坞感受到的威胁毫无保留地讲给她听。他说觉得自己不属于那里。他还告诉她他做的一个梦,梦见自己像超人那样越过一座座高楼大厦,试图回到比洛克西。

朱恩·胡安妮可讲述的发生在1956年夏天的故事，让我们想起了那个我们想要记住的埃尔维斯。那个健康性感、让全世界为之疯狂的埃尔维斯，那个将自己漂亮的浅棕色头发染成不自然的黑色之前的埃尔维斯，那个还没有陨落、还没有遭遇悲惨的埃尔维斯。我们想记住那个有礼貌、心地善良的男孩，他会说："啊？我的舞蹈可不下流，我只是在摇摆而已。"

埃尔维斯无法放弃那些蜂拥而来的名气。他也不想放弃。一旦他接受了自己"摇滚之王"（那年《综艺》杂志封给他的名号）的身份，就再也无法做回那个无名小卒了。

转变

1956年9月,埃尔维斯跟自己的父母回了图珀洛。这趟行程跟1948年他们离开这里的时候,可谓是天壤之别。这一次,他们不需要跟瓶瓶罐罐一起挤进一辆破车。他们开了一辆白色的林肯。这一天,所有的荣耀都属于"埃尔维斯"这个名字,人们用游行和烟花表达对他的赞美。正是在这里,十岁的埃尔维斯在密西西比—阿拉巴马展览会暨奶制品交流会上,第一次公开演唱了《老狗夏普》。

他的父母穿着体面,用吸管啜饮着瓶装的可乐,自豪地笑着。"我们错过了游行,因为当时我们正在吃饭。"格拉迪丝对广播电台的一位记者说。弗农则优雅地向政府官员表达了谢意,是他们安排了这特别的一天。在这次采访中,他发音清晰、神态自若,人们很难想象他就是当年图珀洛那个不成器的家伙。那些曾称普雷斯利家为"白人垃圾"的人,现在争先恐后地赞美他们了。

埃尔维斯猛跳到集市场地的舞台上,摆动臀部、狂野地跳舞,令台下的两万名观众为之疯狂。他穿了一件令人意想不到的蓝色天鹅绒衬衣,有缩褶的袖子和银色的扣子。在密西西比9月燥热的天气里,这件衬衣显得有些厚。姑娘们发出阵阵尖叫,政府官员也沾沾自喜,毕竟这个大明星来自自己的城市。尽管他在舞台上的表演有些低俗，但他的礼貌、谦卑给城市的精英阶层留下了很好的印象。

埃尔维斯在图珀洛的出现，对他自己、他的父母以及这个城市来说，都是不同寻常的。任何荣誉跟来自家乡的褒奖相比，都显得微不足道。相比来自纽约 RCA 高层或者好莱坞的褒奖，对于来自家乡的荣耀，格拉迪丝和弗农更能应付自如。但是格拉迪丝却说："像这样回到故乡让我感到难过，因为我会想起当年自己有多贫穷。"弗农倒是很高兴，幽默地侃侃而谈。他对以前的老伙计们说，"孩子把我们照顾得很好"。

格拉迪丝和弗农为儿子的成功感到自豪，但事实上，除此之外，格拉迪丝还有一种深深的困惑与悲伤。每周都会有上千封信寄抵奥杜邦路，其中有一半在指责他们夫妇教子无方。还有，越来越多的歌迷夜以继日地拥堵在房子周围，几乎失控。邻居们不停地抱怨因为他们家而导致的交通不便和噪音，还有人抱怨格拉迪丝晾在院子里的衣服。

格拉迪丝的健康每况愈下，她对埃尔维斯的担心则与日俱增。他很少在家，她一直担心儿子会被人潮挤伤或者被好莱坞的氛围带坏。他冲动、奢侈，甚至跋扈地给他们的生活带来深不可测的变化。她期待着他能回家，跟朱恩结婚生子。她觉得他应该安定下来，或许做做家具生意什么的。

但此时，埃尔维斯正在旋风的中心跳舞。他被吹捧过，也被批评过；他被苛责过，也被嘉奖过；他被拒绝过，也被加冕过。一切变得越来越混乱。9月的早些时候，在"史蒂夫·艾伦秀"之后，他第一次在国家级的电视节目上露面。曾经抵制过他的艾德·苏利文邀请他上节目，因为他太受欢迎了。为了让埃尔维斯在他的节目上露三次面，他支付了五千美元。这种巨大的曝光量让埃尔维斯成为全美瞩目的焦点。

他在"艾德·苏利文秀"上的第一次演出是在1956年9月。我记得当时跟父母和妹妹一起观看了这期节目。我们站在距离电视屏幕两英尺的地方，不知不觉便着了迷。埃尔维斯穿了一件格子外套，演唱了《别太残忍》、《温柔地爱我》、《猎犬》和《准备好的泰迪熊》。他开心地随着音乐舞动、摇摆，除了爱他，我们别无选择。

同月，埃尔维斯完成了自己第一部电影《铁血柔情》的拍摄，他在里面扮演的角色最后死掉了。他迫切地想以演员的身份证明自己，期待着自己可以成为下一个詹姆斯·迪恩。不久前，这位有天赋的男演员被杀死了。"上校"帕克的策略是鼓励埃尔维斯从关于摇滚的争议中摆脱出来。他想通过拍摄电影，让埃尔维斯有更广泛的受众；也想将埃尔维斯塑造成一个更全能的形象，从而摆脱摇滚带来的威胁。在帕克的眼中，摇滚只是昙花一现的狂热罢了。他还想，为什么要让埃尔维斯在不需要花钱就能收看的电视节目上浪费时间？

在好莱坞，埃尔维斯遇到了一些年轻的演员，其中有娜塔莉·伍德（Natalie Wood）和尼克·亚当斯（Nick Adams），后者吹嘘自己跟詹姆斯·迪恩是好朋友。尼克·亚当斯其实跟骗子差不多，他去过孟菲斯，格拉迪丝觉得他很奇怪，生活习惯也不好。6月的时候，朱恩·胡安妮可在普雷斯利家待了一段日子。她觉得尼克像是一个入侵者，所以她不想再继续待下去，即使她很想见的娜塔莉·伍德过几天也会到这里。尽管埃尔维斯一直说娜塔莉的到来仅是一次单纯的拜访，但朱恩还是不想跟别人分享埃尔维斯的爱。在娜塔莉到来之前，朱恩就回家了。埃尔维斯带着娜塔莉游览了孟菲斯的风光。习惯了加利福尼亚奢华生活的娜塔莉，被埃尔维斯骑摩托带着在附近游玩的时候，觉得像到了贫民窟似的。他们还去了游乐场开碰碰车。埃尔维斯还带她去了WHBQ电台跟杜威·菲利普斯见面。对埃尔维斯每天吃的芝士汉堡和机械重复的生活方式，娜塔莉很快就感到了厌烦。几天后，在挤满了奇特的乡下人的房子里，娜塔莉拨通了家里的电话，请求谁来把她从那里"解救"出去。

娜塔莉的这次拜访之后，埃尔维斯跟朱恩之间的感情逐渐冷淡了。10月的时候他要去纽约第二次上"艾德·苏利文秀"，朱恩不肯跟他一同前往。拍摄电影《铁血柔情》期间，他很依赖朱恩，几乎每天晚上都会和她通电话，他甚至在电话里为她演唱了电影的主题曲。但实际上，埃尔维斯已经在好莱坞顺利站稳脚跟。尽管在那里他对很多人都感到恐惧，而且在好莱坞的聚会上会觉得不自在，但他很清楚，那里有很多可以交往的美女。除了对自己的母亲，埃尔维斯一生从未对别人保持过忠诚。作为公关策略，"上校"希望埃尔维斯尽可能多地跟好莱坞明星一起露面，但朱恩指责他这不过是试图掌控埃尔维斯私人生活的手段罢了。

到10月底的时候，埃尔维斯已经卖出了一千万张唱片，占当年RCA公司全部发行量的三分之二。"上校"拟定了一份每年拍摄三部影片的合同和一份商品合约,从快餐盒到自行车选手服,到处都能印上"猫王"的名字。"上校"更希望通过限制埃尔维斯的唱片数量来吊一吊公众的胃口,同时也挟制RCA公司不至于出太多唱片。但很明显,音乐创作才是埃尔维斯最乐意做的事情。他不着急赶进度,是为了把音乐做到最好。彼得·古拉尔尼克写道:"在录音室的时间对他来说不算什么,如果他想唱的话,就会把心中所想唱出来。那是他找到自己的方式,也是他在太阳唱片公司学到的全部创造过程。如果没有感觉,那就等待感觉出现的时刻。"12月在太阳唱片公司举行的摇滚爵士乐即兴演奏会上,埃尔维斯跟杰瑞·李·刘易斯(Jerry Lee Lewis)、卡尔·珀金斯(Carl Perkins)和强尼·卡什(Johnny Cash)一起演出,他自信、情绪高昂而且主动。这些人表现了各自对福音音乐的传承,唱了很多他们在教堂听到的歌。在埃尔维斯的建议下,他们唱了《与耶稣聊聊天》("Have a Little Talk with Jesus"),埃尔维斯还把这首歌改编成了类似于《猎犬》的节奏布鲁斯。

12月,《铁血柔情》上映,不仅票房惨败,还招来许多批评。但埃尔维斯当时已经是个百万富翁,他买了更多的凯迪拉克和一辆旧卡车。他去路易斯维尔（Louisville）表演的时候，拜访了离散多年的祖父杰西·普雷斯利，还给祖父买了一辆福特菲兰。路易斯维尔警方现场拍摄了埃尔维斯的演出，以防他做出什么出格的举动。路易斯安那地方长官授予他一个荣誉上校的封号，理论上说，他可以跟"上校"帕克平起平坐了。圣诞节的时候，一名来自拉斯韦加斯的脱衣舞女郎拜访了他。当朱恩在报纸上读到这些的时候，明白自己已经彻底失去了他。

1957年，他的节奏也不曾放缓。他第三次上"艾德·苏利文秀"的时候，穿了那件蓝色的天鹅绒衬衣和一件金色的马甲。因为人们对他"粗俗""下流"的无情批判，这是他最后一次上"艾德·苏利文秀"，埃尔维斯只被拍摄了腰部以上的部分。他跟"约旦人"（Jordanaires）乐队合作了《别太残忍》，这是一个节奏感很强的版本，受到了杰基·威尔森（Jackie Wilson）对歌曲诠释的影响，也让摇滚与福音歌曲的渊源展露无疑。然后他演唱了《平静山谷》（"Peale in the Valley"），这首歌由著名的黑人福音作曲家托马斯·A·多西（Thomas A. Dorsey）创作，在乡村歌手雷德·弗利的演绎后广为人知。唱完这首歌之后，曾声称不会在埃尔维斯十英尺范围内出现的艾德·苏利文,对观众说:"他真的是一个体面、优秀的男孩。"然后他对埃尔维斯说:"我们想告诉你,在你来之前,我们的节目从未跟其他大明星有过如此愉快的合作经历。"

那年的早些时候,埃尔维斯又拍摄了一部名为《深爱着你》(*Loving You*)的电影。在这部电影里,他的浅棕色头发被染成了黑色;他倒是很喜欢这个效果,因为觉得会让自己的容貌变得更有特色。格拉迪丝和弗农以及他们的新朋友们,一起坐火车去了好莱坞。所谓的新朋友,其实就是在奥杜邦路上的房子里为他们工作的泳池承包商和油漆工人。奥杜邦路上的邻居或许彼此很疏远,但这些工人跟普雷斯利家却很亲密。在好莱坞,他们到片场探望了埃尔维斯,还在电影的最后以临时演员的身份出了一下镜:埃尔维斯唱完一首歌之后,格拉迪丝像他最忠实的歌迷那样为他鼓掌。《深爱着你》是以埃尔维斯为原型创作的电影。埃尔维斯接下来的电影,情节大都固化为埃尔维斯亲身经历的不同版本,而不是阴郁、复杂、詹姆斯·迪恩式的叛逆电影。《深爱着你》或许是所有电影里最真实的一部,因为此时的埃尔维斯尚保持着朝气和纯真。电影的主人公名为德克·里弗斯,是一个拥有歌唱天赋的孤儿,他那狡猾的经纪人跟他签署了一份五五分成的合同。(这个情节跟埃尔维斯的个人经历如此相像。很奇怪的是,一直试图让埃尔维斯对商业细节一无所知的"上校"为什么会允许这样的情节出现。)电影中埃尔维斯饰演的是有无数畅销金曲的乡村歌手,电影插曲《谋生》("Gotta Lotta Livin' to Do"),也有着埃尔维斯自己的影子。尽管这部电影相当浅薄,但对腿部动作和舞蹈的拍摄都有可取之处,相当真实地还原了埃尔维斯的个性和天赋。

当新世界向埃尔维斯展开无限可能的时候,他还有些把握不定。他紧张、神经兮兮,经常跟人打架。1957年3月,埃尔维斯发了一封电报给朱恩·胡安妮可,请她到新奥尔良与自己相会。当时他正要从洛杉矶回孟菲斯,火车会在新奥尔良短暂停留。1956年12月26日之后的这段时间,他们一次电话也没有打过。他告诉她,将给她一个惊喜。其实埃尔维斯是期望她能重新接纳自己,尽管他并未对那份感情保持忠诚。朱恩从比洛克西开车过去,告诉他自己已经订婚而且正准备结婚。听到这个消息,埃尔维斯震惊了。在他们的短暂会面中,他根本没提自己为她准备的惊喜。他的沮丧和失望是显而易见的,而且令他难以自拔——尽管他几乎没怎么提起。第二天,朱恩在报纸上读到了埃尔维斯买下雅园的消息,那是位于孟菲斯郊区的一栋豪宅。

雅园是格拉迪丝和弗农自己发现的。它坐落在城郊,有十三英亩大小,在这里,格拉迪丝终于可以养鸡了。而且,她的身体每况愈下,需要一个更安静的地方休养。雅园建于1939年,用的是蒂肖明戈石灰石,里面还立有白色的圆柱。房子跟大路分隔开来,有防护的栅栏。尽管奥杜邦路上的房子很舒适,但几乎已经无法居住了。即使他们竖起了铁栅栏、搭起了铁丝网,但埃尔维斯的父母依旧没有办法应对那些源源不断的陌生人。有些歌迷会在半夜敲他们的家门。那些邻居对拥挤的人潮和巨大的噪音(不仅是摩托车的声音,有一次埃尔维斯乘坐的直升机降落在房子旁边的空地上)早已十分不满,他们甚至起草了一份请愿书,要求把普雷斯利家的房子买下来。埃尔维斯气愤极了。他的成功仰赖于所有的歌迷,他不想听到别人指责他们。当邻居们发现埃尔维斯的房子是整个街区唯一被损坏的房子的时候,他们的态度多少有所缓和。

在孟菲斯买下雅园的那个礼拜,埃尔维斯陷入了一场风暴。这场风暴与其他所有的遭遇一起塑造了埃尔维斯的人生。一个海员指控埃尔维斯用枪威胁他,还声称埃尔维斯凌辱了他的妻子。实际上那把枪是埃尔维斯从好莱坞带回来的一把道具枪,曾给别人看过。因为这件事引发的负面报道,或者是因为自己情感上的尴尬处境,埃尔维斯私下里写了一封长长的电报。他试图解释自己需要一直保持警惕的需求。埃尔维斯这样写道:"我有幸得到命运的垂青,我很感激,但总有些人试图扳倒我。世界上的大多数人都对我很友善,但还有些人想要证明些什么。对于那些麻烦,我已经无数次地解释过了,次数多到我自己都没有办法计算——并不是因为我胆小怕事,而是因为我从来都不是那种相信武力可以解决问题的人。人的忍耐都是有限度的,当我认为真正需要武力的时候,我也会。"

然而,他发现自己不可避免地陷入了争斗之中。他从母亲身上继承了那种疾恶如仇的性格。这种性格也跟他的文化背景相关,对于比自己地位高的社会阶层,礼貌的背后就是内心的怨恨。埃尔维斯从来没有完全克服那种自卑的感觉,因为那种感觉在他的性格里太根深蒂固了。他依靠别人来保护自己。埃尔维斯的保镖之一,雷德·韦斯特（Red West），如此忠心地保护埃尔维斯，以至于常让自己陷入麻烦。

明星们的明争暗斗不断地给埃尔维斯蒙上负面阴影。有一次，八个城市的巡演被骚乱和抗议毁掉之后，埃尔维斯回到了奥杜邦路的家中。在跟朱恩分手后的那个复活节，他对一位牧师说："我是你见过的年轻人中最凄惨的一个。我赚了这辈子都花不完的钱。外面有我成千上万的歌迷，还有很多自称是我朋友的人。但是，我觉得很痛苦。"此时，埃尔维斯的新单曲《浑身是劲儿》（"All Shook Up"）登上了美国《公告牌》的冠军位置。

身处喧嚣之中的普雷斯利家的人们，正在准备搬进他们的豪宅。这是他们生命中又一次超乎想象的转变。变化已悄然发生，埃尔维斯在雅园装上了一道大门，所用钱财都是用吉他和音乐赚来的。埃尔维斯有一张照片是靠在大门上拍的，照片中，铁门在他的夹克上投下几道阴影，让人感受到一种悲伤。他充满哀伤地望着铁门，好像在思考雅园未来是否会成为囚禁自己的牢笼。

此外，埃尔维斯还有一些更不祥的预感。有人想要征募他去参军，而这个已扬名世界的男孩儿想要好好把握自己的黄金时机。他已经参加过强制性的入伍体能测试。他很担心如果真的去军队待两年的话，自己的职业生涯会否全然崩塌。

不久之后，他开始拍摄《监狱摇滚》(*Jailhouse Rock*)，也是一部关于埃尔维斯自身经历的电影。在这部电影中，主角的摇滚生涯始于监狱，在被释放后事业达到顶峰。这部电影虽然赚了很多钱，却招致了众多批判。杀青后不久，电影的另一位参演明星朱迪·泰勒（Judy Tyler）意外身亡。这个意外令埃尔维斯更加犹豫，也有了动摇的念头。让他更为难过的是，自己的音乐伙伴斯科特和比尔跟他越来越疏远。在参演过《监狱摇滚》之后，斯科特和比尔逐渐淡出了埃尔维斯的职业生涯。尽管对于埃尔维斯的造型和音乐风格，他们起过至关紧要的作用；但无论是"上校"还是RCA公司，都觉得已经不需要他们了，因为录音室乐手很容易便能雇到。埃尔维斯曾向斯科特和比尔承诺会多付他们一些钱，但在这件事上，他缺乏跟"上校"谈判的勇气。埃尔维斯不仅对商业上的事情一窍不通，甚至没有办法解决自己的狂妄为个人生活带来的麻烦。他四处留情，招惹是非，然后再藏起来。他曾跟一个拉斯韦加斯的脱衣舞女郎坦普丝特·斯托姆（Tempest Storm）约会，还曾跟一个女摔跤手谈情,很少再去巡演。

埃尔维斯职业生涯的疯狂开端,究竟给他造成了怎样的影响,恐怕很难说清楚。所有的机会之门都向他敞开,所有青少年的幻想他似乎都可以实现。他获得的那种成功,他之前的任何人都未曾获得过。他一夜暴富。"上校"在好莱坞为他安排的活动,也是前所未闻。埃尔维斯的身边挤满了新朋友。在他的余生里,这些人成为他的支撑和依靠。

埃尔维斯时不时地试图退回到原来的生活轨道上,感受真正的现实世界。这种心境出现的时候,他一般会选择回家;但现在他几乎见不到双亲的面了,因为他已经离开他们太久太远。他看不到母亲的忧伤。每次他回家,格拉迪丝都表现得欣喜若狂,但他很少去想他不在的时候母亲承受着怎样的压力,即使他们一直通电话。看起来他已经感受不到爱了。或者,他自己都不知道自己真正的感受是什么。1957年1月的早些时候,结束了"艾德·苏利文秀"的拍摄之后,他从纽约回到家中,还去探望了初恋女友迪克西·洛克。他不时去看看她,就好像想从她身上找回自己一样。如今迪克西已经结婚,他却还在原地踏步。

埃尔维斯陷入风暴的正中心。风暴一次又一次地向他袭来。在他不说自己是世界上最凄惨的年轻人的那些时候，或许他说过自己是世界上最幸运的人。但在1957年年底，他终于被征召入伍，他以为自己的生命就要结束了。

格拉迪丝

埃尔维斯应召入伍之后,"上校"在媒体上发文为他送行。他把埃尔维斯描述为一个爱国者,一个勇于担当责任的好青年。但对格拉迪丝而言,相比好莱坞的放纵生活,军队让她更觉惊恐。虽然感觉很不愉快,格拉迪丝和弗农还是陪伴埃尔维斯去了征兵站,为他送行。埃尔维斯即将出发去位于阿肯色州查菲堡(Fort Chaffee)的新兵训练营。那天格拉迪丝穿了一身黑色的天鹅绒连衣裙,连衣裙的颈线上露出一道白色的蕾丝边。一般情况下,人们去剧院、参加正式聚会或者葬礼的时候才会穿这种连衣裙。这次分别发生在1958年3月24日的上午六点三十五分。照片里,格拉迪丝的脸因为哭泣而有些浮肿,黑眼圈也非常明显。

新兵基础训练结束以后,埃尔维斯被派到了得克萨斯州的胡德堡(Fort Hood)。他弄到一辆配有三间卧室的房车,这样他的父母就能跟他在一起了。军队规定,如果有家属的话,他可以不住在营地。不久,他的孟菲斯老乡拉马尔·菲克(Lamar Fike)以保镖的身份到来之后,他们租了一栋更大的房子。再然后,埃尔维斯的表兄弟吉恩和小史密斯也来到了这里。格拉迪丝很欣喜地将雅园抛在脑后,但她不想去德国——埃尔维斯的下一个派遭地。格拉迪丝对德国人唯一的印象,就是他们是"二战"中的敌方;她还担心自己的孩子被派去德国,是否意味着会有另一场战争要爆发。"我就是觉得不会习惯在异国他乡的生活,"她对拉马尔说,"我跟那里没有任何关联,也不想建立什么关联。"

在得克萨斯的那个夏天,格拉迪丝一直身体不适。她返回孟菲斯,求助于自己的医生。当她住院以后,埃尔维斯因为急切地想要陪在母亲身边,几乎犯下擅离职守的错误。他回孟菲斯后没几天,格拉迪丝便因为心脏病去世了。那一天是1958年8月14日。

有一张照片,记录了格拉迪丝去世后这对父子的状态。他们俩坐在雅园的台阶上,紧靠着彼此。埃尔维斯的胳膊搭在弗农的背上,弗农则将埃尔维斯揽在胸前。埃尔维斯穿了一件白色短袖衬衫,胸前有一道道竖直的褶皱。他们低着头啜泣。或许是当时,也可能是早些或者晚些时候,有人听到弗农说:"埃尔维斯,你看院子里那些鸡。你妈妈再也不会给它们喂食了。"

"是啊,爸爸,妈妈再也不用喂小鸡了。"

这对话很像是福音的召唤和回应,在不断反复地表达自己的悲伤之后,他们或许可以得到解脱。埃尔维斯母亲的去世让家人始料未及,它所带来的影响也难以估量。对于埃尔维斯这个跟父母关系十分亲密、迫切地想让父母过上好日子的年轻人来说,失去母亲的打击简直是毁灭性的。埃尔维斯伤心欲绝,几至发狂。

埃尔维斯和格拉迪丝一直非常亲密。他从外面回到奥杜邦路上的家里时,经常会在车道上拦腰抱起母亲转几个圈。他们总是说一些幼稚的悄悄话,还会给彼此取专用的昵称。如果以现在的标准来看,他们对彼此的爱甚至接近病态;但在当时,这样的母子关系很平常。他们共同经历的苦难让他们走得更近,他们曾彼此做伴去监狱探视亲人——那时的埃尔维斯还是个小孩子,他们也曾一同在破败的小房子间辗转。当记者们发现他一直跟父母以及一堆亲戚住在一起时,多少有些吃惊。但南方的血缘传统的确需要这种连带的责任感。

"我的妈妈喜欢漂亮的东西,但总不肯穿戴在身上。"埃尔维斯一边哀悼,一边看着银白色棺材中穿着淡蓝色裙子的母亲。她当然不愿意在自己的房子里穿那些昂贵的服饰。因为太美丽,所以那些东西不适合穿在身上:为什么吃饭的时候还要穿一件华服呢?是为了撒东西在上面吗?只有上流社会的人才负担得起这种铺张,也只有他们才会对制作华服的辛劳漠不关心。

格拉迪丝说过很多次,希望自己回到贫穷的时光,再多奢华的东西,也无法弥补埃尔维斯不在身边的遗憾;而且她看到,爱子身边充斥着危险——疯狂的歌迷、愤怒的家长和好莱坞的恶徒。她担心他,也替他感到悲伤。她开始喝酒,日益发胖且神经衰弱,还患有慢性肝炎。虽然一直身体不适,但她始终不肯接受更多的医疗护理。

格拉迪丝的母亲多尔·史密斯(Doll Smith)曾是一个虚弱的结核病病人。在她真正患上结核病之前,在很长的一段时间内都懒洋洋的,每天无精打采。那时候她因为疲倦而卧床不起,还需要别人的服侍。格拉迪丝中学的时候也曾有过这样没精神的阶段,但在雅园,她彻底从世界中抽身而退了。她疲惫而且沮丧。她总是穿着自制的简单家居服。后来需要出门的时候,她也不肯换其他衣服。她种了一些蔬菜和芜菁,也喜欢给埃尔维斯做一锅"叶菜乱炖"。弗农养的猪和她自己喂的鸡,总是让她感到很快乐。雅园当时就像个动物园:有四头驴子,一只名为"博迪"的斗鸡,两只猴子和许多只狗。有一次,埃尔维斯、弗农和保镖拉马尔·菲克开车去一个农场弄了一些家禽,为给格拉迪丝一个惊喜。他们用埃尔维斯黄色凯迪拉克的后座,运回来二十只鸡、八只鸭子、六只珠鸡和一只火鸡。车上到处都是粪污,几乎没办法恢复原貌。

朱恩·胡安妮可和自己的保龄球队造访孟菲斯的时候,去了一趟雅园。几年前她已结婚,格拉迪丝也去世了好几年。这是朱恩第一次看到这栋豪宅。她写道:"我真为埃尔维斯感到高兴,但又伤心欲绝,不是为我自己,而是为他的母亲。她曾赞美过密西西比州墨西哥湾一栋南北战争前的房子,这栋房子跟那栋房子看起来像极了。我能想象她当时的欢呼和兴奋,想让弗农跟她一起分享这份热情与欣喜。"

但对于格拉迪丝而言,尽管她是出于必要性的考虑才决定买下雅园,但她无法将自己当成房子的附属品。在雅园,她其实过得并不开心。对于一个家庭来说,这房子太大了。她选择住在厨房里。有一次她曾对表兄弟说:"我很痛苦,很拘束。我没办法自己去杂货店买自己需要的东西。我是世界上最不幸的女人。"这话的口气听起来像极了她的儿子。她有时候会一边望着窗外,一边吸鼻烟。她经常喝施利兹啤酒,默默地保持着南方生活习惯。埃尔维斯不允许她喝酒,有太多家人因为喝酒而遭遇不幸了。为了逃脱这样的命运,他自己几乎不怎么喝酒。

有些影像资料记录了某个冬日的场景,格拉迪丝和弗农走向停在雅园前面的粉色凯迪拉克。因为南方很少下雪,他们高兴地在雪中玩耍。弗农做了一个雪球给她吃,边玩边逗乐,她则将一个雪球扔向偷拍的镜头。她穿着薄薄的裙子和羊毛大衣,脚穿高跟鞋,头上裹着一个头巾。他们坐进凯迪拉克,沿着车道开走了。返回之后,对着车开心地做了一个手势。

这就是他们新生活的一面,但他们本质上几乎没什么改变,这一点,从弗农的童心、格拉迪丝的走路方式和穿着中,都能看出来。格拉迪丝想在偷拍的镜头前扮一下小丑,但她的动作又好像是随意的试探;看上去她有些未经世面,又有些无精打采。她抓起一把雪,没有攥紧,慢悠悠地扔向了摄影师。

她在雅园住了一年多一点的时间。弗农的兄弟韦斯特、她的兄弟特维斯以及其他表亲担起了看大门的职责,总体来说,这里的生活比起奥杜邦路的生活好了很多。但是,周围还是有很多人。房子里也满是人,比如仆人。他们竟然有了仆人!格拉迪丝经常跟自己的小狗"甜豌豆"挤作一团,亲吻它、拥抱它。她的眼睛底下有明显的黑眼圈。她把衣服晾在屋外的绳子上，平时照料自己的花园。作为一个一直操劳的乡村女性，格拉迪丝说话坦率、意志坚强、善于表达，而且依然保持着仁慈宽厚热心的本性。但她还是憎恨"上校"帕克。别的不说，仅是告诉她穿什么衣服、做什么动作以表现得像个常去教堂的优雅女人这件事，就让她反感至极。

她将经常性焦虑归因为埃尔维斯双胞胎兄弟的夭折带来的创伤。说埃尔维斯终生所经受的深刻痛苦也源于杰西·加伦的死，似乎是个很好的解释。埃尔维斯与母亲的亲密大概也源于此，对于他和母亲来说，他是两个孩子的结合体。双胞胎兄弟去世所带来的阴影笼罩了他的一生。毫无疑问，格拉迪丝经常会说起杰西·加伦。关于自己死去的双胞胎兄弟的疑问，伴随了埃尔维斯的一生。

如果说他出生时双胞胎兄弟的夭亡定下了他童年生活的基调，那么母亲的去世则影响了他的整个后半生。埃尔维斯经常说，在母亲去世之后，他丢失了自己的道德罗盘。许多年后，当他觉得迷茫的时候，会向好莱坞的一个女人求助，就像当年询问母亲的意见一样。埃尔维斯经常说："妈妈教导我的都是对的。"

埃尔维斯悲痛万分，甚至不肯让母亲下葬。他一直抚摸她，对她说话，抑制不住地大哭。山姆·菲尔普斯整夜陪着他，其他人也陆陆续续过来为格拉迪丝守夜。

埃尔维斯请来"黑森林兄弟"在格拉迪丝的葬礼上演唱，这是她生前最喜欢的乐队。他跟弗农两个人在葬礼上难过得几乎失控。格拉迪丝下葬之后，埃尔维斯边哭边说："我失去了所有。"

埃尔维斯再一次去迪克西·洛克那里寻求安慰。她来参加葬礼的时候，埃尔维斯请她稍后去雅园一趟。他们一起在雅园回忆格拉迪丝的时候，他对迪克西说想要放弃自己的事业。他看起来很沮丧，一切都变得没有什么意义了。但对这个决定，他似乎还是有些犹豫，或者有些理性的思考。他说自己想退出，但是没有办法。"有那么多人都依靠着我，"他告诉她，"我陷得太深，没有办法脱身了。"

格拉迪丝曾教育埃尔维斯要懂礼貌，她自己对生活的无畏态度也深深影响了他。她以不同的方式教育埃尔维斯要谦卑有礼，或许他在舞台上惊人的爆发力便源于这种对束缚的挣脱和抗争。格拉迪丝曾经担心埃尔维斯不再喜欢自己。她看上去比实际年龄要老。在很多照片里我们都可以发现，对于身边的骚动，格拉迪丝看上去有些惊恐，还有些许消极或抵抗。

随着埃尔维斯对自己的成功越来越有信心，他开始反抗母亲的管束。他们俩曾经争吵，原因就是格拉迪丝的过度保护。但他始终是那个好儿子，出去演出的时候每天都会打电话回家的好儿子。他忽略了母亲的担忧，继续以自己充满激情的方式生活。母亲去世后，那种感伤或许因为一种挫败感而加深了。他努力地让自己的家庭从贫苦中摆脱出来，他为他们营造舒适的生活环境，但格拉迪丝却更希望回到贫穷的时候。他并未能提供让父母真正欢喜的东西。珠宝、名车和豪华厨房，这些远远不够。拥有豪宅和凯迪拉克的激情很快就退去了。基本上说，格拉迪丝和弗农觉得自己是局外人，格拉迪丝一直很不安，还生病了。所以，埃尔维斯一定会觉得自己让母亲失望了。或许早些时候她就该接受一些更好的治疗。埃尔维斯发现自己的确在养家糊口，甚至是一家之主，但对于在各种压力下承担责任这方面，他还是不够成熟。

在丧假结束之前，埃尔维斯自己抽空去了溜冰场，溜了几个小时的冰。以前，他总是把这里租下来办聚会，但现在只剩下他一人了。

埃尔维斯小的时候,母亲总是不准他玩那些粗野的游戏。格拉迪丝去世后,埃尔维斯越来越沉溺于暴力游戏,还经常对自己的保镖们大吼大叫。他们一起踢足球,溜冰时会设置惩罚性规则。埃尔维斯最后还是学了空手道,他开始收集手枪,出去巡演时,会一直把枪带在身边。

格拉迪丝的死让埃尔维斯获得了解放,但这种解放是暧昧不清的。他一直生活在双重身份之下,他是叛逆的摇滚歌手,也是妈妈的乖孩子;既是自我膨胀的性感偶像,也是有礼貌的谦卑男孩。他的一生中,女人们一直在离开他。如今,母亲也走了。此后,他的人生进入了一个新的阶段。没有了母亲在道德上的指导,从那一刻起,他的人生将不会再有底线。

在德国

有一张照片记录了埃尔维斯穿着军装、跟父亲在厨房的一张小桌子前吃早点的情景。他的奶奶明尼·梅·普雷斯利手里端着一盘饼干,站在他们父子中间。弗农和埃尔维斯就像普通的工薪阶层一样,双手搭在桌子上,专心吃着面前的食物。墙上挂着一幅刺绣,刺绣下面则是一盒精选椒盐饼干。桌子上还有一盒牛奶。明尼·梅的盘子是空的。按照惯例,她在伺候男人们吃饭。

这幅场景看起来很像是在孟菲斯,但实际上是在德国。埃尔维斯服完兵役之后,父亲和奶奶过来与他同住。他们在北诺桓(Bad Nauheim)租了一栋三层楼有五间卧室的白灰泥房子。

他们身处德国,但依旧保持着孟菲斯的生活习惯。餐桌上牛奶盒子的旁边,是一罐麦克美牌黑胡椒。跟所有南方人一样,埃尔维斯在自己的食物上撒了厚厚的一层黑胡椒。桌上的黑胡椒罐是美国南方的典型象征。胡椒罐从未变成胡椒瓶,而是保持着原有的包装样式,因为原有的包装有更多的孔,便于将黑胡椒粉撒在食物上。

离家万里的埃尔维斯,需要身边有些熟悉的东西。他知道自己喜欢什么。他喜欢鸡蛋煎得硬硬的,喜欢培根有一些焦煳。他希望能跟自己的家人在一起。这张照片里没有格拉迪丝,远离家乡的父子二人看起来让人有些感伤。他们的眼神里透着悲凉。弗农看上去有些小心翼翼和不适,埃尔维斯则表情僵硬。个子很高的明尼·梅(她几乎跟埃尔维斯一样高,瘦得几乎皮包骨)谦卑地微低着头,试图在镜头前挤出一丝微笑。埃尔维斯很尊敬自己的祖母,他称她"道奇"。她是一个坚强的女人,偶尔吸一点鼻烟,巧舌如簧,还曾经用平底锅打过别人的脑袋。她溺爱埃尔维斯。但当埃尔维斯对她搞恶作剧的时候,她还是会打他。

尽管埃尔维斯的祖母延续着自己在密西西比的生活习惯,也竭尽全力地想让家人都在一起,但埃尔维斯的海外经历还是有些怪异。这不是一个平凡的家庭。除了父亲和祖母,埃尔维斯还邀请了孟菲斯的哥们儿雷德·韦斯特和拉马尔·菲克一同居住,一方面是为了做伴,一方面也是为了安全。埃尔维斯越来越需要更多的人在他身边。空闲时,埃尔维斯跟这些人在一起的时候就像个小孩,他们互开玩笑、打闹,在公园里跟一群德国青年踢足球。如今,不会有格拉迪丝来阻止他,明尼·梅则不会事事为他担忧。

那十七个月是一段奇怪的时期。埃尔维斯似乎被整个世界遗忘了。他每天的生活就像个不情愿的小人物,一个普通的美国士兵。到傍晚的时候,他会回到莱茵河畔的"小孟菲斯"家中。他是歌星埃尔维斯,却没有真正表演。他是士兵埃尔维斯,却又非心甘情愿,他从未想过会参军。尽管他不太适合部队,但关于他军旅生涯的报告又充满了赞美和认可,尤其是他的谦卑,以及主动要求跟其他士兵一样没有特权。他在坦克训练中表现优异,被提升为四等技术兵(SPC)。但他很想家,意志消沉。他想念里斯牌花生酱纸杯蛋糕,还请朋友给他寄了一些。他关注当下最流行的音乐,尤其是罗伊·奥比逊(Roy Orbison)的作品。他频繁地往美国打电话。有时候,他会跟自己的新女朋友安妮塔·伍德(Anita Wood)——一个孟菲斯的艺人——打几个小时的电话。他给她写信计划未来结婚以及生个"小埃尔维斯"。但两个礼拜后,他又开始跟一个长得很像碧姬·巴铎(Brigitte Bardot)的女孩儿约会了。

"上校"帕克一直让在部队的埃尔维斯远离"特殊服务",也就是远离那些利用他歌唱天赋和演艺经验的事情。他敦促埃尔维斯完成在部队的常规职责,表现自己的爱国心并在美国人心中塑造良好形象。但埃尔维斯很讨厌部队。他一直很担心当自己服役结束的时候，演艺生涯也会就此终止。精明的"上校"帕克，采用了各种办法保持埃尔维斯在服兵役期间的人气。时不时地，他便会发行一首埃尔维斯之前录制的单曲。"上校"对歌曲发行的时间把握得非常好，人们对埃尔维斯的渴望逐渐被点燃。他还让许多跟埃尔维斯相关的商品源源不断地流入青少年市场。他甚至卖出了有"埃尔维斯"名字的狗牌。

埃尔维斯担心新的歌星会取代他，担心自己被遗忘。"上校"几乎每天都写一些鼓励的话寄给埃尔维斯，试图让他坚定信心，同时保证埃尔维斯依然在他的掌控之中。即使隔着这么远的距离，"上校"还是在德国组织了一些活动，比如让埃尔维斯跟四个刚赢得比赛的德国青少年喝喝茶之类的。安妮塔·伍德有护照，而且一直想去德国看望埃尔维斯，但一直无法取得"上校"的同意。在帕克眼中，这会破坏埃尔维斯的形象。在美国，"上校"还组建了一个小型歌迷俱乐部。

尽管那些单曲唱片在美国已经卖出了上百万张，但"上校"依然不允许埃尔维斯在服役期间进行任何表演。其实他是不想让埃尔维斯免费表演。甚至在前往国外的军舰上举行的"达人秀"上,"上校"也不允许埃尔维斯演唱。他不准埃尔维斯在营地演唱,也不允许他接受其他任何演出邀请。这种禁令更加让埃尔维斯觉得自己的演艺生涯已经结束了。

但埃尔维斯一直没有忘记音乐和可能的职业发展方向。他经常唱歌,不管是独自一人还是跟朋友在一起。他构思自己想要录制的音乐,试验,然后聆听。他想做一些更宏大、更能表现内心情感的歌曲。他租了一架钢琴,跟自己的战友查理·霍奇(Charlie Hodge)录了一些歌曲。查理·霍奇后来成为他的追随者之一——乐队的吉他手。"上校"曾建议他制作一些家庭录像带,只需要钢琴和他的声音就够了。借助弗农给他带来的一部磁带录音机,埃尔维斯录制了一些福音书片段,还录下了《哦,寂寞的我》("Oh, Lonesome Me")、《今夜你寂寞吗?》("Are You Lonesome Tonight?")、《丹尼男孩》("Danny Boy")、《小兵》("Soldier Boy")、《傻子》("The Fool")、《我开始忘记你》("I'm Beginning to Forget You")、《没有明天》("There's No Tomorrow")。这些歌曲的名称似乎都在诉说埃尔维斯的心声。

尽管在德国的那段时间,埃尔维斯在音乐上取得了一些进步，但不过是那段生活的一个小插曲罢了。总体上看，埃尔维斯在德国的那段时间是颓废和堕落的。埃尔维斯自毁式的生活就是从那里开始的，而且将伴随他的余生。到离开的时候，他和同伴们去了巴黎和慕尼黑鬼混。他们去脱衣舞俱乐部。在酒店里，他们让合唱团无法好好唱歌。他们还进行过"剃须泡沫大战"和水战，在酒店里放烟花、损坏汽车。在北诺桓租来的房子里，曾有一群群的女孩儿在他的卧室里过夜。但在德国，他并不开心。长时间枯燥的军队生活加上放纵，导致的后果便是无休止的空虚。

他的父亲根本帮不上什么忙。格拉迪丝去世后还不到三个月，弗农便跟一名军官的妻子发生了一段风流韵事。对此，埃尔维斯既受伤又愤怒，他认为这是对他亡母的背叛与不忠（弗农最终还是跟迪·斯坦利［Dee Stanley］结了婚，但埃尔维斯从未真正接受这段婚姻，即使他对她的三个孩子都很友善）。很快，他便有样学样，跟一个未成年女孩儿相恋了。

普丽希拉·博利尤（Priscilla Beaulieu）是一名军官的继女。那年她十四岁，比普雷斯利小十岁。穿着水手裙和短袜的她，看起来既甜美又脆弱。在跟自己的家人从美国的田纳西州搬到德国之前,她就知道埃尔维斯在德国,她决心要见他一面。在她的《我和埃尔维斯》(*Elvis and Me*)一书中,她讲述了自己的故事:埃尔维斯在听说她之后,把她接到自己宽敞但拥挤的房子里,然后带她去了卧室并保证不会伤害她;之后的六个月,她经常去埃尔维斯那里,直到他离开德国。她写道:"我见到他实际上是在他母亲去世之后。他跟我分享他的悲伤,他真的很缺乏安全感,他觉得自己的父亲背叛了他……我敢说,那是他最脆弱的时候,是他最坦诚的时候,也是他最有激情的时候。"

我们不得不推测和想象一下,当埃尔维斯还在为母亲悲伤、对爱情失望的时候,他选择了一个足够年轻、不会忤逆自己的少女,将她当做自己的梦中情人。尽管普丽希拉经常在埃尔维斯的卧室里待到很晚,但她坚持说,在他们结婚之前,他们之间的关系从未越界。普丽希拉的美丽毋庸置疑。她的脸就像天使一样,身材娇小而丰满。她是甜美与性感的结合体。对于当时从很多方面还像个男孩子的埃尔维斯来说,这个女孩的青春、无邪有着极大的吸引力。

军旅生涯一般都会让男人找到自我,埃尔维斯找到了,但他找到的却是虚幻的自我。在军队里,埃尔维斯经由长官开始接触毒品。说接触毒品有些冤枉埃尔维斯,因为在当时,安非他明是很普遍的减肥药,有人用它来保持清醒、增强体能。埃尔维斯原本就是活跃亢奋的性格,既神经过敏又精力充沛,安非他明让他的精力更旺盛、抑制了他的低落情绪,帮助他完成自己的职责,也增强了他在夜间开坦克巡逻时的耐力。因为当时的处方药是合法的,所以埃尔维斯不仅喜欢这种药,还认定这种药不会有什么副作用。全美的军人都在使用,而且还会让你感觉特棒,怎么会对身体有伤害呢?从此,埃尔维斯开始寻找所有能够帮他保持激情和兴奋的外物。他用药物解决自己的精神问题,就像用黑胡椒解决自己的食物问题一样。在他的余生中,他将成为一个"夜猫子",对药物的摄入再也不会停止。这些药物让他体力充沛,更重要的是,给了他一种道德勇气的假象。

内心还是个小男孩的埃尔维斯,必须成为一大家子的顶梁柱。他的亲戚、朋友、不断增加的随从,还有歌迷,都需要他。不论在经济上,还是在艺术上,他都有巨大的责任,他必须维护自己的高大形象,即使他自己都不觉得能配得上权威的名号。那些药品,就是他扮演高大形象的必需品。

去德国之前,埃尔维斯是天真和淳朴的,从德国回来之后则变得更阴暗也更世俗。这是一个很具有讽刺意味的转变。在职业生涯的开始,埃尔维斯在舞台上的表现虽然很狂野、很危险,充满性的诱惑和反叛,但那时他实际上是一个忠于自己母亲的乖男孩,唯一的目的就是取悦大众。但从德国回来之后,"上校"想抹掉他身上"摇滚"的痕迹,而把他塑造成一个能被主流社会接受的、健康无害的邻家男孩的形象。他本应是一个个性鲜明的美国士兵,带着真正的满足感归来。

"上校"安排了埃尔维斯的回归事宜。他召集媒体发布会、歌迷见面会、接待会,还发布了一首新单曲《坚持自己》("Stuck on You")。很快,这首歌就登上排行榜的榜首。"上校"成功说服议员埃斯蒂斯·基福弗(Estes Kefauver)在国会议事录里称赞埃尔维斯。埃尔维斯参加了弗兰克·辛纳屈(Frank Sinatra)的电视秀,跟辛纳屈合作演唱了《魔法》("Witchcraft"),结束曲目则是《温柔地爱我》。埃尔维斯的表演克制而冷静。彼得·古拉尔尼克描述他是"一个全新的埃尔维斯,一个改造后的埃尔维斯。他动作柔和而非猛冲直撞,他通过迂回暗示引发歌迷真心的欢呼,而不再直接得让人难以招架"。对埃尔维斯来说,这是一次成功的回归。之前他还害怕辛纳屈会取笑他,就像当年的史蒂夫·艾伦那样。弗兰克·辛纳屈曾说过摇滚乐是"白痴"才会喜欢的音乐。但现在,所有人的脸上都洋溢着笑容。

一个孤独的年轻人

1960年埃尔维斯从德国回来的时候,他的头发已经恢复到原本的沙棕色,脸上的婴儿肥也消失不见了。人们注意到了他俗气的一面。

为了重新开始自己的演艺事业,他录制了一张名为《埃尔维斯归来》(*Elvis Is Back*)的专辑。同年晚些时候,他又录制了一张福音歌曲专辑。这两张专辑都充分表现了他的演唱功底,其中包括了《炽热的爱》("Fever")、《今夜你寂寞吗?》以及洛厄尔·福尔逊(Lowell Fulsom)的热门节奏布鲁斯歌曲《重新考虑一下,宝贝》("Reconsider Baby")。埃尔维斯的另一首冠军单曲是《把握现在,机会不再》("It's Now or Never"),翻唱了恩里科·卡鲁索的著名曲目《我的太阳》,格拉迪丝曾用留声机为他放过这首歌。凭借这首歌,埃尔维斯有机会以自己的声音表达更为丰富也更复杂的音乐。这是他在服役的时候就筹谋过的,如今他终于可以全心投入到演唱技艺上了。

不过,他依然很想提升一下自己的表演天赋。"上校"曾经在摇滚乐的风暴中为埃尔维斯掌舵让他达到顶峰,如今又派他踏上好莱坞的浅滩,签署了大量电影片约,使埃尔维斯在接下来的几年都无法脱身。埃尔维斯接受了"上校"的指引。他现在名气越来越大,荧幕上的整体形象也慢慢冲淡了他参军前引发的各种争议。埃尔维斯拍摄了一系列票房不错的电影,随之推出的电影原声带也是获利颇丰,比如《大兵的烦恼》(*G. I. Blues*)、《蓝色夏威夷》(*Blue Hawaii*)、《鲤跃龙门》(*Fun in Acapulco*)。在"上校"的安排下,在20世纪60年代中期,埃尔维斯成为极有票房号召力的明星之一。

埃尔维斯的担忧是没有必要的,他的事业不仅没有结束,反而发展得更为辉煌。但从更深层次的角度看,"上校"对他的掌控是具有毁灭性的。埃尔维斯停止了巡演,将大量的时间用在电影原声带的录制上,而这些唱片的质量让人很难恭维。这些唱片像是流水线产品,很商业化,还经常被迫暂停,这一切都导致埃尔维斯无法集中精力,也扰乱了他的灵感。因为缺少挑战,埃尔维斯的创造力开始受阻,他越来越觉得沮丧。他知道自己拍摄的电影乏善可陈,也经常因那些不得不录制的歌曲感到尴尬。但他坚持着,希望自己也许会遇到更好的电影或者音乐。

20世纪60年代初期,埃尔维斯维持着一种配得上自己名气的生活方式,同时也是为了转移自己的沮丧。因为母亲的去世,也因为军旅生涯对事业的影响,他曾经严重受挫。他现在有了制定规则的权利——母亲去世了，父亲又指望不上，他现在应该怎么做呢？埃尔维斯决定只享乐并舒适地生活，商业方面的事情由"上校"打理，金钱上的事则交给锱铢必较的父亲。埃尔维斯完全不知道东西的价钱。他花钱如流水，生活奢侈，似乎以此来证明自己是自由的，可以支配一切。

他讨厌好莱坞，始终故意保持着跟孟菲斯的关联。雅园是他的家，他对在加利福尼亚租的豪华住所毫无感情，也不会像对待自己的家那样珍惜。跟那些世故圆滑的人打交道的时候，他从未觉得自信，所以他只跟自己小圈子里的人待在一起。他的表兄比利·史密斯曾说："埃尔维斯希望自己的朋友跟他出身的南方有所关联，而不是好莱坞世界里的演员或制作人。他希望小圈子里的人跟他做事的风格一样，喜欢的食物也一样。"可事实上，埃尔维斯一直渴望被接受，对南方人的糟糕形象也非常介意。他甚至一直努力想改掉自己的口音。

逐渐地，埃尔维斯的身边聚拢了一个对他忠诚的小群体，其中有他的表兄弟和高中同学。这些人保护他，帮他处理后勤事务，比如安排日程表、接送他甚至订比萨这样的小事。他们穿着黑西装、簇拥着埃尔维斯出现在拉斯韦加斯,因"孟菲斯黑手党"(Memphis Mafia)的称号而闻名。这个圈子由强壮的男人和善于逗乐者组成,为了留在埃尔维斯身边,他们什么都可以做。他们如此忠诚或许是因为埃尔维斯太有魅力,围绕着他的那些人都能因为他感受到自己的重要性。

跟埃尔维斯在一起是一件很有趣的事情。他很幽默,喜欢足球、空手道、骑马,爱逗别人笑、唱歌和讲故事。他喜欢玩文字游戏,也不介意自嘲,比如将"伤心旅馆"说成"烧心旅馆",而《无因的反抗》,他则偏偏说成"无石的反抗"("Rebel Without a Pebble")。这些伙伴们都喜欢埃尔维斯的怪癖,也喜欢出席埃尔维斯的通宵音乐会和参与他的冒险活动。永远都有数不清的美女簇拥而来,为了见埃尔维斯和他的朋友们。跟埃尔维斯在一起,一切皆有可能。在后来的时间里,埃尔维斯可能会随时起兴去拉斯韦加斯,然后待在顶楼套房里,或者飞到休斯敦去买一架飞机。这些朋友会一直跟他在一起。跟埃尔维斯在一起的生活,就像一场移动的盛宴。

很多年里,埃尔维斯和他的伙伴们都如孩子般打闹和搞恶作剧。他们一起玩橄榄球,互相厮打,只是为了好玩。20世纪50年代,埃尔维斯在加利福尼亚开始拍摄电影的时候，他们曾被酒店赶出来——因为他们在酒店大厅里打水仗。埃尔维斯去服役之前，他们在比利弗丽晶酒店进行了一场三小时的馅饼大战，这后来成为他们的标准程序。每年国庆日，他们都会在雅园来一场焰火大战，将点着的烟花投向彼此。

埃尔维斯经常在午夜以后租下孟菲斯游乐场，跟朋友或随从人员玩电动碰碰车或者过山车。他一直在挑战自己的极限，有一回曾连续十七次乘坐过山车。他还曾租下孟菲斯剧院为他提供私人专场服务。大概会有三十个人跟他一起看他想看的任何东西。在埃尔维斯的允许下，他们会带去很多热狗、爆米花和其他东西。有时候他只看一盘带子就要求剧院换片；也有时候他会反复看同一部片子，比如《奇爱博士》(*Dr. Strangelove*)，他就连着看了四遍。那三十位客人和随从人员也要在那里坐一整夜，试图保持清醒，因为他们必须确认埃尔维斯还在那里！

20世纪60年代，埃尔维斯一直过着青少年难以想象的生活。摇滚乐本身便将工作的体能劳动转化为愉悦和性感。埃尔维斯从工作中解放出来，他可以玩耍、演唱自己想要的任何东西，他可以整夜不睡，无视自己的祖先曾经日出而作的艰难。音乐,不是什么苦差事,而是一种生命力。埃尔维斯不需要辛勤劳作,不需要去摘棉花或者赶骡车。如果他穿一件脏兮兮的衣服去工作,就会遭到咒骂。他从自然中解脱出来了。

埃尔维斯喜欢开车。汽车总能带他去更好的地方。如今,一辆凯迪拉克豪车取代了当年的骡队。他十岁的时候就学会了开车,十二岁的时候父母就允许他开着自家卡车上高速路了。"我最想做的就是当一名卡车司机。"埃尔维斯有一次说。他一直梦想着逃离。他跟自己的表兄吉恩·史密斯小时候曾在门廊下画出一条赛车赛道,拿着用轴承和橡皮筋做成的玩具车一起玩耍。埃尔维斯发现了汽车不同寻常的意义,有钱后他立刻开始收集汽车。他也喜欢摩托车,有一个摩托车队,还喜欢为自己的车队采购那些用得上的东西。在雅园的时候,轨道车赛和单座赛车让他们很着迷。当他和自己的团队在孟菲斯和好莱坞之间穿梭时,会开着一辆1962年产的道奇房车,里面有厨房、卧室和空调。稍后,他定制了一辆"灰狗巴士"(Greyhound bus)。最后,埃尔维斯终将克服自己的飞行障碍,给自己买一架飞机。

雅园本来是一座优雅、简单的石灰石房子,但埃尔维斯将它装修得极其奢华。那些年里，他三番五次地改变房屋的装修风格。他讨厌古董，因为古董意味着破旧，就像他小时候家里的旧家具。他利用歌迷们送来的小装饰品和小物件装饰房间。在雅园的客厅里，他铺设了白中带灰色的地毯，还摆放了一架黄金制成的钢琴。而台球厅则是《一千零一夜》中的阿拉伯风格。他的卧室里有很多台电视机，家具是黑白色调的，窗帘是厚重的蓝色，天花板是由黑天鹅绒装饰的。地下室的电视房则是醒目的黑色和黄色，墙壁上还画着"闪电球"——这是受了"神奇队长"的启发。埃尔维斯把一个房间的装修弄成了恶作剧。有一天弗农回来的时候，随口嘲笑了他在某个商店里看到的丑陋的"丛林家具"，埃尔维斯就出去买下了那件家具，并让人在夜幕低垂的时候把家具搬进房间——只为了看一下父亲的反应。为了将一些沉重、华丽的家具搬进来，他们随手就拆了一扇崭新的落地窗，弗农从希尔斯百货购买的餐桌也被弃置一旁。那些新的波利尼西亚式的装饰让他想起了夏威夷——他曾在那里拍摄电影；很快，在加了一面水墙和一些丛林藤蔓之后，他开始喜欢上这个后来被称为"丛林小屋"的房间。

此时的雅园就像是一个生气勃勃的、正在扩张的动物园，里面有孔雀、驴子、猴子和猪。丛林对这样的雅园来说有些其他的意义。埃尔维斯更喜欢来自异国的或者有趣的动物。他有一只好色的黑猩猩，名为"散播者"。这只猩猩喜欢喝酒，还经常偷看女孩子的裙底风光。他还有一只会说脏话的八哥，经常会说"你好，格拉迪丝"。格拉迪丝去世后，这只八哥被驱逐出去了。再后来，埃尔维斯将一匹小马弄进了"丛林小屋"，它经常在地毯上撒尿。埃尔维斯之所以这么做，不过是为了激怒自己的祖母。因为在乡下人的生活守则里，是不允许动物进入房间的，但埃尔维斯热衷于打破这个规则。埃尔维斯很喜欢狗，院子里也有一群狗自由地跑来跑去。他的房子里，有很多巨大的狗的雕像。再后来，他喜欢到宠物商店里买各种动物，然后当做礼物送给别人。

埃尔维斯通过送别人昂贵、奢华的礼物来证明自己的成功，人们也很喜欢利用他的慷慨。埃尔维斯身边的人都有机会坐享其成。"孟菲斯黑手党"的成员们其实薪水一直不高，但各种特权和工作的光环让他们不舍得离开。不管埃尔维斯什么时候需要他们，他们都会推掉自己的事情马上赶来。后来，这些人都结婚生子，但他们还是会把妻儿留在孟菲斯，跟随埃尔维斯四处游荡。

还有其他人在孟菲斯等待着埃尔维斯。在德国结束兵役后，埃尔维斯把普丽希拉·博利尤带到雅园并供她读完高中。令人震惊的是，不知道他用什么甜言蜜语说服了普丽希拉的父母肯将自己十六岁的女儿托付给他照看。公众不知道他们之间的关系。刚跟自己的白马王子搬到一起住的时候，普丽希拉兴奋极了；但很快，她的情绪开始低落。埃尔维斯去好莱坞拍摄电影的时候，会把她留在雅园，而他则跟电影中的女主角打情骂俏。他跟安·玛格丽特（Ann Margret）合作了电影《红粉世界》（*Viva Las Vegas*），两人之间的那段情在那段时间里是最深刻的，他甚至可能考虑过跟安结婚。但很明显，在他跟安谈情的开始，他就曾告诉过她自己承诺过会迎娶普丽希拉。有些人将安·玛格丽特视为埃尔维斯的一个"双胞胎"存在，因为她在音乐上也有很强的感知力，也同样幽默。安·玛格丽特了解埃尔维斯的脆弱，相信他只是个孩子，知道他不过是被名声冲昏了头。

普丽希拉十八岁的时候，看到了报纸上关于埃尔维斯和安·玛格丽特的报道，她勃然大怒。安·玛格丽特很独立、很有趣，而且很有野心。她强大的内心和独立或许挑战了埃尔维斯的认知，因为他认为女人应该是从属品。深爱着埃尔维斯的普丽希拉，不仅缺乏经验而且没有人生目标，除了跟埃尔维斯结婚外，她不知道自己还能做什么。她等待着埃尔维斯下定决心的那一天，但此时的埃尔维斯还没有玩够。

尽管在女人的眼中埃尔维斯既强壮又有男子气概，而且还被一群强壮的男人保护着，但他本质上是一个对一切充满恐惧的人。他从小就怕黑，即使长大后，他还是觉得白天睡觉比较安全。他的生活方式，就好像躲在一个风暴避难所，身边的人会保护他，让他跟灾难绝缘。他也无法忍受孤单。一直以来，必须有人陪他一起睡觉才行，而在好莱坞，他永远都不会缺女伴。在他职业生涯的早期，意识到自己的性感魅力之后，他几乎不放过认识的每一个漂亮女孩儿。而在好莱坞，如此多的女人都对他趋之若鹜，他不得不进行筛选。有时候，会有一群女人挤进他的房子。很明显，埃尔维斯相信性吸引力是他的明星身份不可或缺的一部分，但没有人可以一直保持高水平的表现。实际上，埃尔维斯不过是想有个女人在身边陪伴，这样他才知道自己并不孤单。

在等待普丽希拉长大的过程中，埃尔维斯努力将她塑造成自己心中的理想女性。很奇怪的是，他希望她跟自己相像，就好像他要重造一个夭折的双胞胎兄弟似的。他想让她把头发染成黑色——跟他一样，他想让她把头发梳得高高的——是他的大背头的夸张女生版。但这样的发型看起来就像个干草堆。他想让她像埃及艳后那样，涂上浓重的眼影；还想让她穿上样式复杂张扬的连衣裙。普丽希拉全都听从了。她希望自己是他心中最重要的人，为了让他满意，她什么都可以做——就像埃尔维斯身边的男人们一样。

在外人的眼中，埃尔维斯似乎已经登上了世界的顶峰。他富有、英俊，举世闻名。他喜欢自己的生活，有朋友追随他，还有一个豪宅；他在好莱坞租下一栋奢华的房子继续以自己的方式寻找乐趣。在那些醒来的时刻，看着自己的周围和拥有的奢华，他会想些什么呢？这时候，他从对自我的怀疑中摆脱出来，想到别人对他的认可了吗？或者，他有过这样的时刻吗？他曾经说："有一次我跟父亲夜谈，他说：'埃尔，我们是怎样走到今天这一步的？我感觉似乎昨天还在油漆厂工作呢！'"

有着十八个房间的雅园，对于一个豪宅来说算是平常的，但并不像电影明星可以拥有的。这是雅芳化妆品推销员会光顾的地方，后院里还可能有位阿姨住在房车里。尽管埃尔维斯在慈善方面算是慷慨,但跟那些中了彩票的暴发户相比,他并没有什么更多的想象力——车、豪宅、华服,更多的房子和更多的车,就是他的需求。然后呢?对于钱可以做些什么,埃尔维斯明显没有更深入的思考。吃穿住行,就是他物质之梦的基础。他放纵地消费,发现自己可以蔑视、嘲笑那些大人物。他经常送东西给别人,会送房子和汽车给那些买不起这些的人,他想看到他们脸上露出的满足感。他知道一无所有的滋味,也知道一夜暴富的感觉。他的慷慨从他小时候就开始了。在他还是个小孩子的时候,他就经常送自己的玩具给别人。五岁的时候,他就把自己崭新的玩具车送了出去。格拉迪丝生气地打了他的屁股,还气势汹汹地把玩具要了回来。她不允许他那样浪费自己辛辛苦苦赚来的钱。

披头士乐队

1965年8月27日,埃尔维斯从伊朗国王那里租下了位于好莱坞的由建筑大师弗兰克·劳埃德·赖特(Frank Lloyd Wright)设计的豪宅。同一天,披头士乐队过来拜访。

为了这次会面,"上校"帕克和披头士的经纪人布莱恩·艾普斯坦(Brian Epstein)已经焦虑地安排了几个月的时间。前一年,披头士第一次上"艾德·苏利文秀"节目的时候,"上校"以埃尔维斯的名义发了一封电报给他们,欢迎他们来到美国。"上校"想提醒世界,他的男孩、好莱坞最会赚钱的埃尔维斯才是摇滚之王。但这看起来有些刻意,因为"披头士狂热"当时主宰了整个乐坛。两个星期前,在谢亚体育场的披头士的演唱会上,有六万五千名歌迷到场,这个数字打破了之前的纪录。埃尔维斯出现后没几年的时间,就掀起了摇滚的热潮;如今披头士走在摇滚的前沿,而且即将引发人们熟知的发生在20世纪60年代的一场文化革命。在埃尔维斯拍摄毫无意义的电影的时候,摇滚力量的爆发正在为音乐界带来一种巨大的转变。

披头士所表现出来的对他的挑战,让埃尔维斯深感不安,他一直想避免这次会面,但最终还是屈服了。他感受到了来自披头士的威胁。他们活力四射、机智敏锐,音乐既新鲜又后劲十足。但他依然是他们的偶像,他们是以歌迷的身份前来致敬的。"我们都想成为埃尔维斯那样的人物,"说到自己乐队成立的初衷时,约翰·列侬(John Lennon)这样说,"埃尔维斯是真正的宗师。"

埃尔维斯那时刚发行了一张精选专辑,里面的《我是你的》("I'm Yours")和《漫漫寂寞路》("Long Lonely Highway")两首歌都是多年前录制的。他最新的专辑名为《每个人的埃尔维斯》(*Elvis for Everyone*),唱片封面是现金出纳机的形象,还有 RCA 公司的标识——狗"尼泊"。披头士的新专辑《救命!》(*Help!*)是同名电影的原声带,听起来精力充沛、冒险而又充满创新,而且他们的歌都是自己创作的。披头士似乎没费什么劲,就弄出了两部既叫好又叫座的电影《救命!》和《一夜狂欢》(*A Hard Day's Night*),更可贵的是这两部电影都是原创而且趣味十足。埃尔维斯当时正在拍摄的电影是《乐不可支》(*Tickle Me*),是一部没什么吸引力的音乐电影;之前他刚刚结束了《画舫情歌》(*Frankie and Johnny*)的拍摄,这部电影被称为他最糟糕的电影,该片讲述了发生在游船上的以赌博为主线的故事。他对自己的电影事业很失望,受够了简单的故事情节和毫无意义的原声歌曲。而接下来他还要拍摄《夏威夷式天堂》(*Paradise, Hawaiian Style*)。

埃尔维斯与披头士的会面有多个不同视角的记录版本,有些人的回忆还是自相矛盾的。埃尔维斯被自己的朋友们和朋友们的妻子、女友包围着,他们都隐藏起自己的兴奋以免冒犯到埃尔维斯。当时已经二十岁的普丽希拉也在场。这次会面是秘密安排的,但披头士抵达贝艾尔市佩鲁贾路上那座现代东方式的房前时,歌迷们还是潮涌过来。

披头士的成员因为敬畏埃尔维斯,开始时没怎么说话。场面看起来有些尴尬,埃尔维斯拿起电视遥控器开始换台。披头士的成员对那个遥控器印象深刻,因为还是第一次见。埃尔维斯坐在白色的长长的"L"形沙发上说:"如果你们来这里只是坐在那儿盯着我看的话,我就要去睡觉了。我从未想过把这次会面弄得像觐见国王似的,我以为我们可以坐下来聊聊音乐或者一起唱唱歌什么的。"

埃尔维斯拿起一把低音吉他漫不经心地跟和着查理·瑞奇(Charlie Rich)《马海毛萨姆》("Mohair Sam")的曲调。约翰·列侬和保罗·麦卡特尼(Paul McCartney)

也抱起吉他加入其中,就像在举行一个传统的小型爵士演奏会。他们演奏的时间很短,大约也就一两首歌的工夫。在场的有些人后来很难想起当时的场景,也有些人说他们弹奏了很长时间。

当列侬问他为什么不再做摇滚乐专辑的时候,埃尔维斯心里一惊。列侬说:"我特别喜欢你在太阳唱片公司的那些歌曲。"埃尔维斯警觉起来。本来已经很紧张的气氛,如今变得更紧张了。乔治·哈里森(George Harrison)很安静,一直在泳池旁跟埃尔维斯的伙伴们吸烟。林戈·斯塔尔(Ringo Starr)看上去有些自得其乐,跟"上校"玩着轮盘赌的游戏。

第二天,约翰·列侬对"孟菲斯黑手党"中的一员杰瑞·西林(Jerry Schilling)说,昨晚对他们而言意义非凡,并请他转告埃尔维斯:"如果没有他,也就不会有现在的我们。"列侬还对埃尔维斯的另一个伙伴马蒂·莱克(Marty Lacker)说:"昨晚是我一生中最重要的一晚。"也许列侬请人转达这些迟到的赞美,是为了缓解尴尬,或者是为了向埃尔维斯致歉。他的性格咄咄逼人而且脸皮很厚,跟埃尔维斯截然相反。那天晚上,他说着各种玩笑,扮演了"糊涂大侦探"的角色;有那么一两回,他故意挑战埃尔维斯的权威，甚至表现得有些无礼。列侬对埃尔维斯的恭维选错了方向，有人说后来埃尔维斯谴责披头士对美国青少年有不良影响的言论或许跟那晚不无关系。

尽管得到了披头士的赞美，但新星们对他地位的挑战还是让埃尔维斯很不舒服。他是他们的英雄，不辜负他们的信任让他压力倍增。接受他们赞美的同时，也等于接受了他们评判者的身份——那些具有权威的评判者很容易就对他倒戈。约翰·列侬被称为"智慧甲壳虫"，他甚至出版了一些广受推崇的书籍。埃尔维斯却始终是那个时时被挑战的、缺乏安全感的南方人，不管他卖出了多少张唱片。

披头士离开佩鲁贾路上的房子时，带走了埃尔维斯的很多唱片，那是"上校"送给他们的礼物。在此之前，"上校"还送了他们牛仔服、六发式左轮手枪和可以发光的小篷马车车灯。小篷马车是"上校"的标志，承载着他在嘉年华的记忆。披头士会怎么处理这些礼物呢？当他们回到英国的时候，他们该如何处理小篷马车车灯和左轮手枪？埃尔维斯的小篷马车车灯在贝艾尔市房子的壁炉架上，上面印着"我们永远和约翰逊总统站在一起"的字样。

披头士对自己的偶像有些失望。如果埃尔维斯真想捍卫自己的地位的话，他应该表现得更随和、更慷慨。他因为自己对披头士音乐的引导和对摇滚这个强有力的音乐风格的贡献而感到骄傲。但如果他当时主动调动一下大家的情绪，而不是只关注自身的话，他肯定可以赢得更多好评。那样他们就可以一直演奏，直至晨曦。但埃尔维斯显然尚未做好扮演音乐前辈角色的准备。

时间正在从他身边溜走，埃尔维斯深知这一点。他喜欢披头士早期的一些音乐，而且给予了一定的认同；但后来，当他们开始尝试新元素的时候，埃尔维斯没有支持他们。他们肯定看起来有些自大，而且有些东西埃尔维斯无法理解。20世纪60年代，由披头士开启的整个反主流文化运动，超越了埃尔维斯的理解范围。他无法理解中产阶级的青少年参加越战为何让人们感到焦虑，他自己就服过役、履行过自己的职责。他也没有办法参加青少年反对制度和规则的活动。作为一个局外人，他曾经那么努力地融进来。他没有办法放弃那些他以前不曾拥有但现在却让自己开心的事物，他开始认同反主流文化运动反对的那些东西。

1965年的那个夜晚让埃尔维斯既疑惑又不安，他可是曾经被批评为"危险、叛逆的摇滚歌手"的。他曾是这条路的拓荒者，没有任何人的指引。摇滚乐是从他年少的灵魂中生发的灵感。他凭空创造了那些摇滚明星标志性的声音、舞蹈动作和姿态。但现在，他想创造更多的东西，想要探索新的音乐方向。摇滚乐从来都不是他唯一的喜好，它只是反映了他灵魂的一部分而已。当披头士过来拜访他的时候，他肯定是因为内心羞愧而退缩了——因为他想到了自己的妥协以及那些他在好莱坞拍摄的垃圾电影。披头士重新定义了电影音乐，他们的歌曲跟电影情节自然契合，不生硬、不造作，这跟埃尔维斯不成功的电影音乐截然相反。埃尔维斯自己知道，如果有机会的话，他可以做得更好。

「好莱怪」

1964年4月,埃尔维斯在报纸的专栏上读到,电影制作人哈尔·瓦利斯(Hal Wallis)正在用他的"普雷斯利式"电影赚钱,以资助那些不叫座但更具艺术价值的作品如《雄霸天下》(*Becket*)等。《雄霸天下》讲述了坎特伯雷大主教和亨利二世的友情,电影由理查德·伯顿(Lichard Burton)和彼得·奥图尔(Peter O'Toole)主演。埃尔维斯一直想成为这样的男演员,但哈尔·瓦利斯的评论让他觉得自己像个傻子,就好像众所周知的秘密只瞒着他一个人似的。埃尔维斯觉得自己被利用了。

埃尔维斯热爱电影。唱歌这件事对他而言是自然而然的事情,一直都是他生活的一部分,不论他所处的环境如何,随着不断长大,他一直梦想成为歌星,但电影是他野心王国中另一个十分重要的领域。如今他有机会拍摄电影,想成为一个像伯顿或奥图尔那样严格意义上的演员。但在拍摄了一系列电影之后,他深深地对自己感到失望,那些电影没有一部得到评论界的认可。他甚至都没有机会参演一部更好的电影。而且在20世纪60年代,他的演技毫无进步可言。为埃尔维斯的利益着想,"上校"严拒了所有高质量影片的邀请,如《霹雳路》(*Thunder Road*)、《西区故事》(*West Side Story*)、《午夜牛郎》(Midnight Cowboy)等。他一直坚信，埃尔维斯在电影界的成功必须依赖他的演唱天赋。他清楚地知道，那些最有票房影响力的片子必须影响普通大众。"上校"了解嘉年华场内外的观众，而埃尔维斯不过是他的"特技小马"。

埃尔维斯在平淡的电影中演唱一些悦耳的歌曲，所有的故事几乎完全相似：一个歌手的成名路或者某个正直的青年遭人陷害然后奋力脱身，剧情老套、琐碎、毫无新意。所有的电影不过是换换场景，唯一不变的是埃尔维斯的个人魅力。他的电影，完全依赖他的魅力和名气。有数百万人毫无条件地喜爱着埃尔维斯，"上校"实在没必要费心思去弄好的音乐、剧本或者表演。数年内，对票房支持最大的埃尔维斯迷们一直陪伴着他们的偶像，毫无怨言。不管他在电影里演什么，不管他穿了多么奇怪的戏服，也不管他的台词有多糟糕，他们根本不在乎。因为他是埃尔维斯，他们只想让自己的眼睛和耳朵享受盛宴。

忽视埃尔维斯的电影是很容易的事情，因为这些影片大都空洞、乏味，不过有些歌曲和民谣罢了。尽管他的一些电影试图表现道德的复杂性，如《监狱摇滚》、

《春光普照》(*King Creole*)和《乡间野趣》(*Wild in the Country*),但大多数电影都将埃尔维斯塑造为一个跟女孩子们有感情纠葛的当代美少年形象。这些电影很糟糕,但又充满吸引力。他那些毫不挑剔的歌迷们也知道这一点。当你深夜在电视上偶然瞥到这些老电影的时候,或许会因为看到埃尔维斯而停下来,也许你会看到他的手指插在合身的牛仔裤里(埃尔维斯觉得牛仔裤是戏服,而非日常可穿的服装)。电影里,他滑着水橇或在那里漫不经心地弹奏着吉他,泳池边是一群咯咯作笑的姑娘。或许他看起来有些僵硬和不自然,但他潜在的性感魅力依旧吸引人,这时你会不自主地忽略掉那些台词、虚假的背景和做作的美人们。抛开那些低廉的电影道具,埃尔维斯凭借性感的嘴唇、幽默感、完美的侧面、拉长的密西西比口音,还是可以吸引观众的。你总会注意到他不自然的黑发,但是没关系,他看起来还是很帅气。

埃尔维斯最初饰演了一些很严肃的角色,本来是很有希望的。《监狱摇滚》(1957)让他的叛逆形象更加深入人心。《春光普照》(1958)则被认为是他最成功的电影角色,他饰演了另一个版本的自己。但后来,对特权阶层的挑战和20世纪50年代他所秉持的态度已经不再是焦点，严肃的角色也很少。1964年的《红粉世界》中，他扮演了一名赛车手；1965年的《乐不可支》中，他则是一名牛仔大赛骑士，不断地打断别人唱歌，让那些跳健美操的姑娘们吓一跳。

1966年的《画舫情歌》则让我们看到，他的电影可以糟糕到什么程度。委婉地说，这部电影既空洞又荒唐。埃尔维斯看起来很不错，年轻而且体面，他穿着帅气的行军服。他演唱那些极有节奏感的歌曲，身体却没有配合摇摆，他好像马上就要失去"埃尔维斯"这个标签了。这个故事发生在南北战争之前，电影是在一艘船上拍摄的。三个女人穿着和蓬巴杜夫人一样的服装，参加一个化装舞会。我们的英雄强尼穿着江轮赌徒的服装，为弗兰基演唱了一首浪漫的小夜曲。故事以喜剧结尾，一颗子弹打中了强尼胸前的板球吊坠，但没有打中他的心脏。

1960年的《手足英雄》(*Flaming Star*)是埃尔维斯服役回来后拍摄的电影，也是他一直期待的，因为这个剧本本来是为马龙·白兰度量身打造的。埃尔维斯饰演了一个有一半印第安血统的美国人，在不同的文化间摇摆不定。这部电影是在加利福尼亚一个荒凉的农场拍摄的，每天早上，埃尔维斯都会练习空手道进行热身。在德国的时候，他成为了一个空手道狂热者。我有一个朋友曾在那部电影里做群众演员，他告诉我："埃尔维斯曾跟来自孟菲斯的伙伴对打，并轻松地将对方打倒在地。他们通过这种方式热身的时候，有很多人围观，大都是工作人员。有时候他们会用到四英寸宽、两英尺厚的木板，我还告诉他，他应该在市场上卖这个尺寸的'埃尔维斯'板子，他说'上校'帕克早就想到这一点了。他还在电影里用到了一些空手道的功夫，你能想象出这多少有些不合时宜。"

开始时，埃尔维斯在好莱坞片场有很好的声誉。他工作努力，永远准时，电影界的很多前辈都声称他是他们合作过的最友善的人。1956 年他拍摄第一部电影《铁血柔情》之时，除了自己的，他还记住了所有人的台词，这让所有人都印象深刻。跟他合作拍摄电影的人，包括导演，经常因为他超凡的魅力而不敢靠前，也就没有人指导他怎样才能成为更好的演员。他的演技之所以没有提升，是因为他身边的人都折服于他的魅力，没人有勇气教他。埃尔维斯觉得自己没有必要去上音乐课，而表演课或许会扼杀他的天赋。"上校"很满意那些形式僵化但可以赚钱的电影，觉得埃尔维斯没必要刻苦磨炼演技。

"他们永远得不了奥斯卡奖,""上校"说,"他们最擅长的是赚钱。"他一直在压缩拍摄成本,有时候甚至将拍摄周期缩减至两到三周。

埃尔维斯的音乐也因此受到了牵连。在退役后的几年里,他录制了一些热门歌曲,如《今夜你寂寞吗?》、《好运的迷咒》("Good Luck Charm")和《物归原主》("Return to Sender")等,这些歌曲的风格跟之前的热门曲目很像。他将自己的体悟融入一些福音音乐中。但"上校"像往常一样,仔细计划着埃尔维斯的发片量,催促他将更多精力放在电影原声音乐上面,因为电影可以赚更多钱。而且,"上校"还用那些最无创意的电影原声音乐专辑履行跟 RCA 公司签署的唱片合约,如此埃尔维斯就可以减少在录音室的时间,但这样做也扼杀了埃尔维斯的创作灵感。在 20 世纪 60 年代的几年里,他只发布了几张录音室专辑。当他引爆的摇滚革命正风风火火的时候,他自己却被千篇一律的电影原声音乐困住了。

在意识到自己被利用了之后的很长一段时间里,埃尔维斯都表现得像是自己不得不做那些电影和电影原声乐一样。理论上讲,埃尔维斯负责工作的艺术部分,而"上校"则去跟别人做交易。但"上校"或许因为自己对艺术缺乏敏感而受到了限制,他只能根据自己的理解致力于自己的工作。埃尔维斯是他唯一的客户、他唯一存在的原因和通行证。从最开始,当埃尔维斯为自己被安排的工作发火的时候,"上校"都会提醒他变回贫穷是多么容易的事情,一切都将在一夜之间消失,而他只能回孟菲斯继续开卡车。

在后来很长的日子里,埃尔维斯大部分时间都在生"上校"的气或者对他发火。但每次他试图从某个工作合约中挣脱的时候,"上校"都会说一些他无法反驳的话,然后他会选择妥协。有人猜测,或许"上校"手里有些埃尔维斯的把柄,可以要挟他,比如与他同居的未成年女友,以及后来耽溺于处方药的恶习。不管"上校"是否真的抓住了埃尔维斯的软肋,至少每次谈到财务状况的时候,他都能让埃尔维斯相信如果不拍电影的话,他的生活将无以为继。而且埃尔维斯的父亲也一直劝他听从"上校"的安排。

埃尔维斯被困住了。尽管他想做一个真正的演员,但他不想冒险打破自己的收入链条。他试图获得独立,但他的挥霍破坏了他所有的努力。只有通过消费,他才能保持自己掌控全局和财富无穷尽的假象。有那么几次,他几乎破产，这令他除了接受"上校"的安排之外别无选择。鉴于"上校"定下了每年三部影片的交易，埃尔维斯的未来始终受困于此。

为什么埃尔维斯给予"上校"这样的权利？简单来说，"上校"其实是他的老板。在埃尔维斯的字典里，出身贫穷的人永远都不能抗拒十五万美元的诱惑，不管你需要做什么。这也是埃尔维斯态度的关键所在。他的窘境是他逃离穷困愿望的必然结果。他很真实，但他又渴望不真实，就像所有的乡下人一样，对于接近残酷的真实，他们总是很不自在。对他来说，城市明亮的灯光、炫目的汽车，以及源源不断的财富，是成功的象征。他不是煽动者。他没有把握抗议的机会（比如鲍勃·迪伦就通过关注底层社会的生活抓住了机会）。埃尔维斯的表现跟很多南方人一样，经常选择逆来顺受，而不愿奋起抗争。这也体现了南方人典型的被动和宿命，借此掩盖他们心中的怒火。

从埃尔维斯的音乐和个人行为中，我们可以感受到他心中的怒火。回望1956年，埃尔维斯在纽约遭遇的羞辱刺激了他的自尊心，在面对权威的时候他强烈渴望成为真实的自己。而现在，当他面对帮他获取成功的男人的时候，他拱手让出了权利，他的激情也随之退却。他明显的被动一部分源自他的本性，一部分则跟他的出身相关。他从自己的父母和家乡的文化里，学会了俯首顺从。他的宗教信仰则从更高的层面上教导他谦卑。尽管埃尔维斯觉得好莱坞就是个乌合之地，但他依然屈膝于上帝、父母和好莱坞的权贵们，他称之为"好莱怪"（Hollyweird）。他内心的矛盾斗争表现出来的挫败感则体现在多个方面。在私人生活领域，他掌控别人，习惯以自己的方式做事。当他无法像个大男人似的掌控全局时，他的臭脾气其实已经表明了他的挫败感。"孟菲斯黑手党"的成员之一拉马尔·菲克曾说："如果你友善地请求埃尔维斯的话，他愿意为你背负铁砧，哪怕是三十年；但是如果你命令他的话，他会毫不客气地告诉你把那个鬼东西插在哪儿。"这种叛逆、这种有些孩子气的阴晴不定，不是在真正使用自己的权利，至少不是一个有安全感的人行使自己权利的方式。

埃尔维斯的行事风格源自南方文化。他的父母都是佃农的孩子。在结婚初期，弗农自己还做过一段时期佃农。农场的佃农以五五分成的方式在田地里种植棉花，他们自己还要负担一半的费用；当地主为佃农计算收入的时候，会先扣除借用的款项，如临时性的食物支出、衣物支出等。最后佃农拿到手的收入或许都不及本应获得的收入的三分之一。佃农们或许以为自己获取了应得的利益，但实际上这是个假象，地主才是规则制定者。

埃尔维斯跟"上校"之间的关系就很像佃农与地主的关系。埃尔维斯用自己的天赋进行耕作。当"上校"扣除成本、计算收入的时候，埃尔维斯甚至都不及"上校"拿到的多。但重要的事实在于，埃尔维斯不能离开。他成为了老板的附属品。埃尔维斯的身份，如果不考虑细节，其实就是一个佃农。如果当年他留在密西西比，跟在好莱坞的唯一区别或许只是换个老板这么简单。

1967年，在好莱坞的最低谷，埃尔维斯录制了布鲁斯歌手吉米·瑞德（Jimmy Reed）的《大老板》("Big Boss Man")，这首歌帮助他重新点燃了对摇滚乐的激情。这首歌其实讲述了他的真实生活。作为文化偶像的埃尔维斯，其巨大能量源自他的原创性，在这一点上，他战胜了世界上所有的老板。但他此时的心绪已经令他无法再主宰自己的生活。

在好莱坞，埃尔维斯就像转轮上的小沙鼠。他的挥霍无度则像密西西比路边小酒馆的工人们，在周六的晚上花掉整周的收入。想要维持这种生活的话，他就必须像小沙鼠一样，不停地跑下去。但埃尔维斯依然是个梦想家，期待着更好的东西。严肃电影的导演尼古拉斯·雷（Nicholas Ray）和乔治·库克（George Cukor）都想跟埃尔维斯合作，但遭到了"上校"的百般阻挠。早期的时候，"上校"的"宠物计划"是让埃尔维斯参演一部讲述乡村歌手汉克·威廉姆斯（Hank Williams）的电影。有一位导演很有兴趣，但最终还是没能谈成。埃尔维斯不大可能喜欢这个角色，不仅因为主角是个去世不久的酒鬼，还因为自己正经受着跟汉克·威廉姆斯类似的压力。威廉姆斯的故事让人沮丧，他的结局也不太好：1953年，在二十九岁的时候，他因为过量服用处方药而死亡。

随着时间的推移，埃尔维斯对处方药的依赖越来越严重。他最初服用安非他明，在孟菲斯和洛杉矶间的长途跋涉中，在早期的录音室录音时，这些药物都唾手可得。后来，只有依靠镇静剂他才能躺下入睡；第二天，他需要更多的安非他明才可以开始一天的工作。

埃尔维斯一直在这条路上行进着，却不知道路会通向何处。

探寻

埃尔维斯开始读书。1964年年中，所有围绕在他周围的东西似乎都变成了一种宿疾。忽然之间，埃尔维斯对一切都失去了兴致。他不再租下整个剧院看电影，也不再去游乐场里嬉戏，而是更愿意坐在床上看书。他不再举办聚会，也不再组织演奏会，而是开始学习。即使在出行的路上，他也会带上很多书。这令埃尔维斯的小圈子成员很不耐烦，但无法不关心他。

埃尔维斯一直都很喜欢看书。十四岁生日的时候，他的父亲送给他一本《纽约客》漫画家乔治·普莱斯（George Price）的书。对于弗农来说，这是很难得的一个决定。上学的时候，埃尔维斯最喜欢的科目是英语，还在图书馆做过兼职。他一直想自学更多的东西来提升自己。从1963年雅园收到的孟菲斯一家书店的送货收据中，我们可以了解到埃尔维斯读过的书，其中包括《科学巨人》（*Giants of Science*）、《伊甸园之东》（*East of Eden*）、《世界哲学》（*World Philosophy*）和《玩转词汇》（*Vocabulary Builder*）等。埃尔维斯甚至用一个月的时间，为自己的随从开设了一个词汇培训班。

1964年，他开始认真地研究不同的信仰。除了其他的知识，他还研究了东方哲学。在披头士到印度拜访精神导师玛哈里希·优济（Maharishi Mahesh Yogi）之前很久，他已经开始练习冥想了。

随着自己拍的电影越来越低级，埃尔维斯对自己的不满让他饱受折磨，他努力想知道自己非凡的成功究竟意味着什么。那个在他内心深处的死结，那个源于他死去的双胞胎兄弟，也源于他自己敏感感知力丧失的死结，从未离他远去。他还是会脸红，偶尔结巴，感觉自己是个局外人。他那唯一让他感受过安全感的母亲去世之后，他更加痛苦了。有时候，他觉得自己是个骗子。为什么他要被选择来承载那么多的欢呼和财富呢？是为了让自己像个傻瓜？对埃尔维斯而言，那个亟须得到回答的问题是："我为什么是埃尔维斯？为什么选择我成为埃尔维斯·普雷斯利？"他无法相信自己巨大的成功只是源自他的天赋、决心、努力和周围的环境。他如何得到了所有的赞美、歌迷来信和轰动一时的热门唱片？他还是会拿自己的形象开玩笑，但他觉得对此负有责任，不仅是那些因此而来的赞美，还包括由此而产生的压力。他相信自己被选择以完成某种使命，但究竟是什么使命呢？他应该做什么？别人如此珍贵地对待他又有什么意义呢？他配得上这一切吗？

从他出名开始到整个60年代,当他在让人产生幻觉的行业里努力工作的时候,这些问题一直困扰着他。在他寻找精神启迪的时候,他几乎涉猎了所有的信仰和教义。他如饥似渴地阅读来自世界各地的宗教书籍,试图从中找到一些令人舒适的熟悉感或使人满意的奥秘。他一直都在跟年轻时候的信仰(神圣的灵恩派和神召会)角力。那些恐吓性的布道让小时候的他感到害怕,而现在,孟菲斯的牧师一直想从他这里得到更多的钱。终其一生,埃尔维斯都深信神灵,但他渐渐远离教堂所传达的肤浅而专制的教义,比如说在他们的教义中,电影是罪孽的表现。当他的父亲第一次带他去看电影的时候,他们不得不小心翼翼以免被教会发现。但是,埃尔维斯的乡邻们还是深信那些教义——这一点在乡下尤其明显,也令埃尔维斯对异乎寻常的想法十分敏感。如果有一只黑猫从他面前跑过,他一定会转身走开以避免厄运。格拉迪丝一直迷信超自然能力,埃尔维斯一直以为她拥有神秘的力量。

1964年4月30日,埃尔维斯因为一次偶然的机会开始了自己的精神之旅。他遇到一个名为拉里·杰尔(Larry Geller)的年轻美发师。拉里痴迷于灵修、对折中主义也很感兴趣，比如瑜伽、玄学、冥想、命理学、符号学、《易经》、伊斯兰艺术和占星学。他送给埃尔维斯一些书，其中包括《客观的人生》(*The Impersonal Life*)、《一个瑜伽行者的自传》(*Autobiography of a Yogi*)、《世界的启蒙》(*The Initiation of the World*)和《翻越喜马拉雅》(*Beyond the Himalayas*)等。埃尔维斯当即全身心地投入钻研，这是他一贯的做法。杰尔很严肃地讲述了生命的目的和自我发现。埃尔维斯发现，自从母亲去世之后，这是他遇到的第一个可以与之讨论内心混乱情绪的人。这是埃尔维斯第一次真正意义上打破自己生活其中的巨大幻象。杰尔在《梦想的力量：埃尔维斯自己的故事》(*If I Can Dream: Elvis' Own Story*)一书中写道："真正触发了埃尔维斯的精神危机并促使他如此强烈地寻找出口的，恰恰是他自己的生命。很明显，他觉得自己在宗教赋予的觉醒与名望带来的空虚生活之间进退两难。"

发现有这样一个人可以进行有思想、有深度的交谈之后，埃尔维斯高兴万分。从此，杰尔成为埃尔维斯口中的"大师"，他跟埃尔维斯的伙伴们有着完全不同的思维。那些一直陪伴着埃尔维斯的人，都是助手、随从，而不是思考者或心灵探索者。在他们的眼中，杰尔侵入他们圈子的目的是阴险的。他们把他当成骗子和疯子看待,怀疑他正在对埃尔维斯施以新时代的巫术。他们甚至害怕杰尔会把埃尔维斯变成一个狂热的宗教领袖。杰尔成了埃尔维斯小圈子中的常驻人员,即使别人都对他抱有敌意。其他人发现,埃尔维斯对新嗜好有些狂热和疯癫的迹象。他这样的举动,让他从大家都很习惯的奔放生活中分神了。这也影响了他的工作。一直迫切想嫁给埃尔维斯的普丽希拉,从骨子里厌烦埃尔维斯的新兴趣。她看起来有些担心,不知道这样的新兴趣会把他带到哪里。她抱怨说,这样的灵修,让埃尔维斯失去了性格中热情的部分,又回到了被动的状态。对于埃尔维斯读的那些书,普丽希拉和他争吵过很多次,但埃尔维斯对那些书仍然心怀恭敬。

埃尔维斯很快便扩大了自己的兴趣范围,试图在凌乱的思绪中找到某种顺序和意义。他开始竭尽全力地寻找这些问题的答案,乐意尝试所有新的想法。他成为"波罗摩汉娑·瑜伽难陀自我了悟联谊会"的成员(他的那位女性导师像极了他的母亲)。受到位于太平洋天堂酒店自我了悟联谊会悠闲环境的启发,他还在雅园开辟了一个"冥想花园"。他把以前的夜间派对变成了自然哲学的教室，让所有人都去读蒂莫西·利里（Timothy Leary）的《迷幻经验》（*Psychedelic Experience*），还在这些书上做标注。跟杰尔一起，埃尔维斯开始在莎士比亚的著作中搜寻那些禁忌的信息，这种学术意味的狂热跟披头士的歌迷们解读《我是海象》（"I Am the Walrus"）的行为别无二致。他急切地想拥有个人的视角，而且跟以前一样，他希望快速知道答案。

最终，在1965年3月，他找到了自己的视角：约瑟夫·斯大林的形象从亚利桑那州弗拉格斯塔夫（Flagstaff）的云层中浮现出来。"为什么是斯大林？全世界那么多人，为什么会是他呢？"埃尔维斯问正跟自己一起旅行的拉里·杰尔。埃尔维斯将斯大林的形象视为自己的阴暗面，再观察他的时候，斯大林成为他眼中的耶稣，而埃尔维斯感觉自己面对的是上帝。

想到这里，埃尔维斯决定去做一名修士，但这种渴望只能停留在他的想象之中。此时，《冒失鬼大冒险》（*Harum Scarum*）即将开拍。这是一部无聊的喜剧音乐剧，剧中的服装很像鲁道夫·瓦伦蒂诺（Rudolph Valentino）在《沙漠情酋》中穿的那种。埃尔维斯回到工作中，还劝说自己应该将自己这份特别的礼物跟全世界分享,而不是封存在修道院中。埃尔维斯发现自己无法放弃"埃尔维斯"的身份。尽管这个身份为他带来了无尽的痛苦,但他还是喜欢。他真正的需求是找到一种方式,让自己的生活合理化,同时让自己接受生活的尴尬和不完美。他需要理由和安慰来告诉自己一切都很好。

有了这种视角之后,埃尔维斯孤立的存在实现了一种奇怪的转变。他看到了天使,还在丛林中看到了不明飞行物。有时候,服用药物的后遗症会使他站在咖啡桌上长时间地说教,给自己的伙伴们来一场滑稽的布道——而且还不许别人笑。比尔·史密斯回忆说:"有时候他会说类似'摩西就是那个贱人养的白头发男人,他从山上来。火烧的荆棘指引着他的屁股'这样的话。"

每个人都觉得埃尔维斯的行为很诡异。毫无疑问,他的思维和布道都受到了镇静剂和兴奋剂的巨大影响。尽管如此,他周围的人并没有意识到他身上最关键性的问题:他的"自我"跟"埃尔维斯"这个形象之间的斗争已经到了什么程度。埃尔维斯曾经有那么多不可思议的经历,他的名气让他迷失了自己。他最急切的探寻成为他的故事的根本。因为无法实现自己理想的挫败感,他感到极为愧疚。他恣意享乐、爱支使人、任性放纵。他甚至在自我了悟的课堂上欺骗别人。因为对于既定的规则缺乏耐心,他被默许获得了他还没有权利知晓的人生秘密。

我们那个时代的大众英雄在跟自己的名气作斗争。陷在他喜欢的"明星光环"的怀抱里,他不能幼稚地选择撤离。他想一直走下去,尽管他知道自己应该退出来做一名修士。他一直努力在渴望被认可和隐姓埋名之间寻求一种平衡。埃尔维斯经常半开玩笑地说要放弃自己的事业。当有人提醒那样他将失去"埃尔维斯"所有的特权时,他又会放弃这种想法。但在他生命的后期,他甚至想到一个短暂的计划:跟一个病入膏肓的男人互换身份。

他不止一次地说:"做埃尔维斯·普雷斯利真的好累啊。"

埃尔维斯将自己信奉宗教的冲动带进了录音室。1965年年底,他拍的电影在公众间逐渐失去了号召力。这时,"上校"和RCA公司都觉得,是让他出一张录音室专辑的时候了。1965年年中,他的单曲《伤心教堂》("Crying in the Chapel",实际上录制于1960年)位列排行榜的第三名,这是他几年来的第一首热门歌曲。这首歌中的灵性特质让他恢复了对音乐创作的兴趣,他决心创作出比千篇一律的电影原声音乐更高级的作品。

1966年5月,他在纳什维尔录制歌曲。此时,跟埃尔维斯合作的是一名新制作人费尔顿·贾维斯(Felton Jarvis),他给专辑带来了新鲜的血液。埃尔维斯全身心地投入到灵歌和福音歌曲的录制中,经典曲目《在花园里》("In the Garden")、《更远》("Farther Along")和《走投无路》("Where Could I Go But to the Lord"),都收录其中。但专辑的主打曲目却是《何其美妙》("How Great Thou Art"),埃尔维斯把这首歌演绎得很动人,他将自己在精神之旅中的感触融入其中,也将自己几年来在家中积累的灵歌技巧完美地呈现出来。

这张专辑里没什么大热的歌曲元素,但1967年发行的《何其美妙》,为埃尔维斯获得了第一座格莱美奖杯——格莱美最佳圣乐表演奖。

「飞舞的G环」农场

埃尔维斯喜欢做计划和规划，而且会很热情地投入到新爱好中。1967年，他做了一个决定，对于他焦虑的精神探寻而言，这或许是一次冷静而且理性的冒险。他回归了自然。

埃尔维斯和普丽希拉在孟菲斯郊外开车兜风的时候，在一片高低起伏的原野上，看到了一个发光的、大约六十五英尺的十字架。在埃尔维斯的眼中，这或许是自己命运的一个信号。那个农场正处于待售状态，埃尔维斯冲动之下花了一大笔钱将其买下，这几乎让弗农气得背过气去。（"哦，老天！"这是弗农当时的反应。）

当时，埃尔维斯跟普丽希拉已经订婚。在尽可能地推迟了很长时间之后，埃尔维斯最后还是妥协了，圣诞节前向普丽希拉求婚了。他们经常出去骑马，所以选择从喧闹的雅园中搬出似乎是个明智的决定。那个占地一百六十英亩的农场位于密西西比的沃尔斯，距离孟菲斯不远。"上帝，我竟然搬回了密西西比！"埃尔维斯有些懊恼地说。

埃尔维斯将农场取名为"飞舞的G环"（Flying Circle G，G取自于雅园"Graceland"的首字母），并开始在那里毫无节制地花钱，这几乎让他破产。他曾经梦想有一个类似于公社的地方，他和伙伴们住在一起（当然当时还要加上那些人的妻子和孩子们），因为他们始终不属于他在好莱坞的那个圈子。他给每个人买了一辆房车，所有的房车在一个小湖边围成一个圈；他还给每个人买了一匹马和一辆卡车。一天之内，他买了十三辆小货车。他给自己买了一辆拖拉机，还布置了栅栏和安全监控室。他在池塘上修了一座桥，还买了一匹黑色的威尔士矮种马。他自己去希尔斯百货的地下购物区，置办了电力工具。农场里只有一座砖石房，又老又破，位于公路的交叉口。很快，这里的草坪上就挤满了歌迷和猎奇者。尽管普丽希拉对那栋老房子很满意，并称其为"梦想之屋"，但埃尔维斯决定住在更加宽敞的房车里——房车外有白色的栅栏。在宽敞的房车里，埃尔维斯和普丽希拉开始"过家家"，普丽希拉还会做饭给他吃。她学到了让埃尔维斯满意的做饭技巧，就是把食物烧到焦煳。

对其他人而言，那段日子几乎是田园牧歌式的生活。他们能找乐子，还有些人开始觉得终于跟自己的家人安定下来了。他们会去骑马、野餐，每个夜晚都会围在一起唱歌，他们过得很开心。

或许埃尔维斯幻想着自己跟土地和四季终于有了亲

密接触，但实际上，他接触的只是矫饰的自然，而非真实的自然。在农场，白天的时间里他开始起床活动；但相比农场的寂静和放牧的自由，在这个农场上花钱显然更能让他感到兴奋。骑马的时候，他穿着牛仔服，马鞍的鞍头会系有一包热狗面包——他总是不停地吃东西。他的体重增加了，性格比以前更为冲动。在服用了大量的兴奋剂和镇静剂之后，他似乎更混乱、更迷茫了。

埃尔维斯尝试以自己唯一擅长的方式彰显自己所拥有的权利，也就是把握当下的每一天——表现自己与生俱来的慷慨和宏伟计划。他通过毫无克制的消费来表达对电影拍摄责任的反抗，但具有讽刺意味的是，这种挥霍只会让他在自己的牢笼中越陷越深。埃尔维斯不想离开农场，因为回到好莱坞的话，就不得不拍摄另一部微不足道的电影《新潮沙滩》(*Clambake*)。

"上校"已经意识到，埃尔维斯渐渐疏远粗制滥造高利润电影的任务，而且这些电影的吸引力也大不如前。尽管埃尔维斯的灵歌专辑《何其美妙》销量稳定，但最新的电影原声专辑《来去自如》(*Easy Come, Easy Go*)却几乎没什么反响。普丽希拉说，埃尔维斯"对《新潮沙滩》如此沮丧"，体重又增加了。

埃尔维斯并没有准时出现在加利福尼亚《新潮沙滩》的片场，而是赶到纳什维尔录制电影原声带。他在录音室有些漫不经心，因为空洞的《谁需要钱？》("Who Needs Money？")、《信心》("Confidence")实在让他提不起什么兴趣。然后他赶回农场，此时，为了保护隐私，工人们正在安装四分之一英里长的复合板栅栏。但没多久，他还是不情愿地回到好莱坞拍摄电影。

在《新潮沙滩》开拍后不久，埃尔维斯在自己的浴室里摔了一跤，有轻微的脑震荡，或许是服用药物让他的身体失去了控制能力。"上校"利用这一契机，解雇了埃尔维斯的一些同伴，试图插手与自己的客户重新合作。他还试图让埃尔维斯告别"对深奥人生哲学的探寻"。普丽希拉在自己的回忆录中写道，"上校""终止了埃尔维斯的心灵探索"，因为这扰乱了埃尔维斯的事业发展。

"上校"说："一本书都不想让他再读了！这只会让他的思绪变得杂乱！"他对埃尔维斯的同伴们说："或许你们中有人觉得他是上帝，应该穿上袍子走到街上去帮助别人，但他不是！"

而且他禁止拉里·杰尔单独跟埃尔维斯在一起。自此之后，埃尔维斯剩下的伙伴们开始公开反对杰尔。在此之前,他们从未停止对杰尔的怀疑。最终,杰尔不得不选择退出。当伙伴们拿杰尔开涮的时候,埃尔维斯总是会维护他。他们称杰尔为"斯瓦米"(Swami),喜欢嘲笑他的素食习惯。但当"上校"公开抨击杰尔的时候,埃尔维斯却不敢站在杰尔那一边。尽管跟"上校"之间的新合同赋予了"上校"更多的权利和分成,但埃尔维斯始终信任他。他很欣赏"上校",后者在不妥协、不屈尊的情况下就能跟好莱坞的那些虚伪的人周旋。埃尔维斯看起来很满意"上校"的"功绩",甚至觉得自己曾受惠于他,即使他很不喜欢"上校"签的那些无聊的电影剧本。

1967年5月1日,《新潮沙滩》杀青后第三天,埃尔维斯和普丽希拉在拉斯韦加斯结了婚。婚礼是"上校"安排的,既隐秘又有些匆忙。他一直在对他们施压,让他们尽快结婚。在婚宴和接待会上,埃尔维斯与普丽希拉有些不明所以,甚至不知道发生了什么。对于自己扮演的角色和被邀请的宾客,工作人员也都颇有怨言。一个月后,在雅园,埃尔维斯和普丽希拉重新穿上婚服,招待了自己的朋友们。

对于为何埃尔维斯没有早些迎娶普丽希拉,以及"上校"在其中扮演了何种角色,一直有各种传言。或许"上校"如此着急地操办他们的婚礼,是为了避免爆出"埃尔维斯同居女友"的丑闻。还有人说,埃尔维斯根本不想结婚。他习惯了单身生活,并不是没她不可。尽管埃尔维斯想要扮演父亲和丈夫的角色,但实际生活中,他从未做好准备。他是个孝顺的孩子,他一直记得母亲多么希望他结婚生子。不管自己有多迷茫,埃尔维斯还是想做一些正确的事情。他觉得应该对普丽希拉负责,毕竟这些年他一直把她安置在雅园等她长大成人。而且多年前他把她带来雅园的时候,曾向她的父母承诺会跟她结婚。

对普丽希拉而言,直到他们结婚当晚,两人才真正修成正果。她很快就怀孕了。普丽希拉跟埃尔维斯在一起的时候总是很开心,而且我们都知道,埃尔维斯喜欢逗她开心。他们就像热恋的情侣,普丽希拉说她始终觉得埃尔维斯是自己强有力的保卫者。尽管周围的大部分人都相信埃尔维斯的确很爱普丽希拉,但这段婚姻还是有些让人沮丧。他掌控着她,在她年少的时候扮演了她父亲的角色。他始终相信女人都是处于附属地位的,而且不应该有什么事业。但实际上,真正能让他心旌荡漾的，却是那些强势、独立、敢挑战他的女人。普丽希拉会成为一个直言不讳的女人，但最初她因为年纪太小而没有多少个性。后来埃尔维斯评论说，她更像是个小妹妹，而不是什么情人。

那年夏天，埃尔维斯确定出演另一部糟糕的电影《加足马力》（*Speedway*）后，逐渐对农场失去了兴趣。那年年底，他拍卖了农场里的各种设施。（最后他把整个农场也卖掉了。）他跟普丽希拉在洛杉矶买了一栋僻静的房子，怀孕的普丽希拉则忙着把房子装饰成自己想象的家的样子，更重要的是，这个家不会有那么多男人跟他们住在一起。

在他们婚后不久，普丽希拉就劝说埃尔维斯烧掉了他的那些书，还在雅园办了一次篝火晚会。埃尔维斯在婚后试着对普丽希拉让步，但他无法停止自己的精神探寻之旅。五年后，也就是1972年，当拉里·杰尔重新回到埃尔维斯身边的时候，很欣喜地发现埃尔维斯还在继续探寻，他的身边也堆满了神秘主义的书籍。埃尔维斯尤其喜欢勃拉瓦茨基夫人（Madame Blavatsky）的传记，因为她看起来很像格拉迪丝。埃尔维斯对杰尔说，那天他在沙漠中看到斯大林—上帝的幻象的时候，精神本身的重要性在他的体内爆发了。埃尔维斯将自己视为耶稣，而内在的自己则是"埃尔维斯—基督"。他不相信自己是耶稣的化身，但又认为另一个自己是带着特殊目的来到地球的基督。杰尔在《梦想的力量》(*If I can Dream*)中写到，埃尔维斯告诉他觉得自己被自己的知识禁锢了，而且已经被禁锢了很久。他说，那是他生命中最神圣的时刻，但他觉得要是普丽希拉知道自己在跟什么斗争的话，会将他关起来。"我一直被钉在自己的十字架上，"埃尔维斯说，"我用了很长时间才意识到这一切，意识到埃尔维斯以怎样的方式适应了大环境。"他声称，最终一切都得到了清晰的答案。他知道了自己是一名艺人，他的职责是帮助别人获取快乐——不是以传教者的身份，而是以歌手的身份。他的职责在于，把爱融于自己的音乐中并传递出去。

「复出特别表演」

随着电影利润的直线下滑和埃尔维斯对电影事业越来越漫不经心，连"上校"都意识到，该作出改变了。他知道，埃尔维斯必须得行动起来了。《加足马力》几乎都没赚回拍摄成本。唱片的销量也在逐渐下滑。

很多歌迷都请求埃尔维斯放弃电影，重新开始巡演。埃尔维斯需要一些新鲜的音乐。发生在电影上的那些糟糕状况，也出现在他的唱片上了。如今，创作型歌手风头正劲，像约翰·列侬和保罗·麦卡特尼这样的创作者，希望在其他歌手录制他们歌曲的时候依旧享有对音乐的控制权。但"上校"一直做的却是不仅要从歌曲创作者那里分成，还要从歌曲的发行方那里分成。"上校"跟 Hill & Range 发行公司签署的协议，限制了埃尔维斯的歌曲来源。所以，除了既有的音乐，埃尔维斯几乎没有机会录制任何外来的素材。

埃尔维斯没有什么动力去弄自己的音乐，他更喜欢以自己的方式演唱和诠释成熟的作品。他喜欢其他歌曲里的和谐与激情，特别是福音歌曲。但他的努力经常被搞得面目全非。不止一次，当他把歌曲演绎到完美之后，却被唱片公司的工作人员混音成不同的风格；发行的那些唱片里，跟他在录音室里完成的大相径庭。这种对艺术的无法掌控让他很生气。他知道是"上校"从中作梗，但又没什么办法。

1967 年年底，录制了《大老板》("Big Boss Man")和杰瑞·里德（Jerry Reed）欢快向上的《吉他男》("Guitar Man"）之后，埃尔维斯重拾了自己的信心。尽管单曲《大老板》只在排行榜上取得了第三十八名的成绩，但这首歌让在纳什维尔录音室录音的埃尔维斯很长时间以来第一次找回了自信的感觉。在很长时间的低迷之后，在对自己的电影原声音乐极为不满之后，埃尔维斯意识到自己应该摆脱恐惧。他知道，现在是唯一的机会了，要么重新焕发光彩，要么被人遗忘。在纳什维尔的录音点燃了他重新做出好音乐的希望。

不久以后，埃尔维斯终于可以离开好莱坞，远离那些毒害大脑的电影了。机会出现在 1968 年，美国全国广播公司（NBC）正在筹备一期特别节目。这是七年来的第一次，埃尔维斯重回舞台在观众面前表演。年轻的节目制作人史蒂夫·宾得（Steve Binder），坚持要那个好久不见的埃尔维斯重现在舞台上，而且他对于表演有独特的视角：丢掉那个作为电影明星的埃尔维斯，找回那个曾引导流行音乐革命的歌手埃尔维斯，找回那个叛逆的摇滚歌者，重现他黑暗、危险的一面。尽管"上校"想象着这次表演不过是平常的圣诞节特别节目，演唱一些类似《小鼓手》("The Little Drummer Boy")、《圣诞老人要来镇上了》("Santa Claus Is Coming to Town")；但宾得却绝不会放弃这个唯一的机会，他要让埃尔维斯展现真实的自己，而不被矫饰的感伤扼杀。

当埃尔维斯兴致勃勃地准备演出的时候，一旁的"上校"却有些焦虑不安。但这一次，他没有干涉。他知道他们必须有一个新方向，之前的"电影模式"已经无用了。这就像1956年，"上校"通过让埃尔维斯上电视节目增加埃尔维斯的曝光度一样。对埃尔维斯来说，这是勇敢的一步。此前不久，披头士的《佩珀中士的孤独之心俱乐部乐队》(*Sgt. Pepper's Lonely Hearts Club Band*)专辑发行，它模糊了高雅艺术与低俗艺术之间的界限，重新定义了流行音乐。披头士几乎是戏谑般地挑战了流行艺术的发展，也挑战了精英阶层受众，从而让他们关注到"没教养"的人们的潜力。埃尔维斯作了那个时代最勇敢的决定。他跳出来，重新夺回了自己的王位。

这场电视秀有一条故事主线，讲述了一个弹吉他的男人从成功、堕落，到最终得到救赎的经历。这个故事情节的设置，以比利时剧作家莫里斯·梅特林克（Maurice Maeterlinck）的《青鸟》(*The Blue Bird*)为原型。电视秀进行了后期制作，将埃尔维斯在一次非正式爵士演奏会上演唱的歌曲穿插其中。爵士演奏会现场的表演是整个节目最精彩的部分。为此，埃尔维斯召集了自己最早的合作团队，包括斯科特·摩尔和鼓手D·J·范塔纳（D. J. Fontana）。（此时比尔·布莱克已经去世。）埃尔维斯标志性的黑色皮夹克令人难以忘怀，这也是作为摇滚歌手的埃尔维斯最本质的表现。凌乱的黑发，让埃尔维斯看起来既轻盈柔软，又充满感染力。减肥之后，他现在很瘦也很帅气，是他最好的状态。

埃尔维斯自己很恐惧，不知道是否会失败。他最担心的是在演奏会现场的那些非正式讲话，没有脚本，却要讲一个完整的故事。在口吃这方面，他已经改进了很多，但他依然羞于在人前讲话。"如果没人喜欢我，该怎么办？"埃尔维斯不停地问自己。最后一分钟，他几乎想退出了。但他还是直面了挑战，展现出自己谦逊的魅力，藏起自己的害怕与担忧。演奏会的场地类似于一个拳击场，埃尔维斯跟斯科特和范塔纳以及其他人说笑着。你还是可以看到他的卑微，看到他盯着地面。他没有变，还是会自嘲。他的谦逊充满了吸引力,最后演出获得了成功。他拿自己标志性的唇部曲线开玩笑。他演唱了抒情曲目《今夜你寂寞吗?》,还模仿"墨水点"乐队风格的朗诵逗大家发笑。他很紧张,但他所展现的戏谑和友情,毫无夸张和设计的痕迹;相反,显得既自然又真实。

在小小的舞台上,他穿着皮夹克演唱了一组自己的热门曲目,《伤心旅馆》、《猎犬》和《浑身是劲》。他的表演有惊人的自控力和激情。他所有的天赋,在被好莱坞掩埋多年之后,终于强势回归。他就像一本启示录。他腿长而健美,穿着长筒靴,以经典的类似工人劳作的摇滚姿态站在那里,曲着腿,就好像要挥动斧子砍倒一棵橡树一样。他演唱了一些老歌,比如《壁花小姐》("Lawdy Miss Clawdy")、《没事了(妈妈)》,就算坐下的时候,他的腿还是会因为紧张而颤抖,但现在的他看起来很圆润,经验十足而且技艺娴熟,不再焦虑。从一方面来说,这是一种幻象——作为专业歌手的埃尔维斯击败了作为演员的埃尔维斯;从另一方面讲,观众们看到的都是真实的,埃尔维斯展现了自己的真正天赋,他重新宣示了更为深层次的自我。不管怎么说,这都是令人着迷的。埃尔维斯被糟糕的电影压抑的激情,终于爆发了。

他看起来长大了,以一种成年人的方式表现着性感的挑逗。摇滚乐的爆发和对性自由的渴望,在20世纪60年代或许还意味着性革命,但在60年代的摇滚乐队里,没有任何一个人可以散发出埃尔维斯在1968年复出特别表演中的那种性感魅力。人们不会想起乐队"杰弗逊飞机"(Jefferson Airplane)或"赫尔曼的隐士们"(Herman's Hermits),不会想起贾尼斯·乔普林(Janis Joplin)或"感恩而死"(Grateful Dead)乐队,甚至不会想起以性感著称的披头士乐队。在"滚石"乐队的所有成员中,米克·贾格尔(Mick Jagger)的舞姿是最独特的,甚至会让埃尔维斯不由自主地发笑。但米克绝对算不上是美少年。

在复出特别表演的彩排阶段,有一天编曲者比利·戈登伯格(Billy Goldenberg)惊奇地发现,埃尔维斯在钢琴边弹起了贝多芬的《月光》奏鸣曲。然后,他们俩每天都会一起弹奏这首曲子,享受静谧曲调中蕴含的丰富而复杂的情感。有一天晚上,埃尔维斯的两三个朋友打断了他们,对古典音乐的暗讽破坏了他们的情绪。戈登伯格说,埃尔维斯马上停止了演奏,表情"就好像一些奇怪、黑暗的幽灵即将到来"。被同伴们看到自己弹奏高雅音乐,埃尔维斯有些尴尬,毕竟这不符合自己出身阶层的品位。那个时候,披头士已经越过高雅音乐的界限,但埃尔维斯还在担心如果自己也介入自己不熟悉的高雅音乐领域,是否会遭到嘲笑。

那场电视秀是在1968年夏天录制的,当时马丁·路德·金已经在孟菲斯被杀害了。这件发生在埃尔维斯故乡的事,深深地影响了他。他意识到,该放弃那些无关痛痒的音乐,而唱出自己的信仰和所思所想了。电视秀的结束曲目《梦想的力量》,是特别为埃尔维斯创作的,表现了他对自由和平等的梦想。这首歌,似乎恰恰回应了马丁·路德·金著名的演讲——"我有一个梦想"。

这场以非正式的名字"复出特别表演"为人所知的电视秀,于1968年12月在美国全国广播公司播出,而且取得了超乎想象的成功。就好像1956年的埃尔维斯重生了一样。但时光流转,如今再看埃尔维斯似乎已经不那么锋芒毕露了。在战争期间,在社会动乱和杀戮之中,埃尔维斯更像一个受欢迎的老朋友,而不是攻击体面阶层的敌人。《纽约时报》对他的报道,也从1956年的"粗俗"变成了"超凡魅力"。单曲《梦想的力量》成为埃尔维斯当年最热门的歌曲。

1969年年初,再次发自内心地受制作好音乐的梦想鼓舞，埃尔维斯去了孟菲斯的美国录音室，此时这里已经成为灵魂音乐的中心。回到故乡熟悉的氛围中，埃尔维斯遇到的挑战更多是音乐上的，比当年山姆·菲利普斯邀请他去太阳唱片公司的时候遇到的挑战还要多。在美国录音室，埃尔维斯跟录音室主管奇普斯·莫曼（Chips Moman）以及来自纳什维尔的制作人费尔顿·贾维斯合作，录制了很多那个时期他最好的作品，比如《疑心》("Suspicious Minds")、《豪华轿车》("Long Black Limousine")、《肯塔基的雨》("Kentucky Rain")、《我不能停止爱你》("I Can't Stop Loving You")等。在这些创新作品中，埃尔维斯将更深层次的情感和更高超的技艺融在一起。他从未对工作投入这样的热情。这些在美国录音室录制的歌曲，抓住了埃尔维斯一直思考的新音乐方向，将当时的乡村音乐、福音歌曲、灵歌和布鲁斯的元素整合进他的音乐风格中。自从1966年录制了灵歌专辑《何其美妙》之后，这是他第一次在作品中展示自己的激情和深刻的一面。带着对自己音乐天赋的自信，那个艺术家埃尔维斯又回来了。尽管开始的时候他有些犹豫，但他还是勇敢地作出了选择，甚至录制了一首暗含政治意味的歌曲——这是他以前一直力图避免的。《梦想的力量》

为《在贫民窟》("In the Ghetto")铺平了道路,《在贫民窟》是一首非常具有现实意义的作品。彼得·古拉尔尼克认为《在贫民窟》、《疑心》和《强者生存》("Only the Strong Survive")是"一种新的混合风格,介于《老狗夏普》和当代灵魂乐之间,是埃尔维斯完全能驾驭的形式"。这就是埃尔维斯想要的方向,能全心投入,能诚挚、完整地表达自己的想法。如今,他能随心所欲地录制他人生阅历中的声音,童年时期的绝望呻吟,还有欢庆与热情的呼喊,这些声音都来自他周围的底层人民。尽管埃尔维斯记不起究竟在帕奇曼监狱听到过什么,而且他的父亲从未哼起过那里的曲调,但他的确能通过各种途径听到布鲁斯的声音。毕竟,他是在密西西比长大的。在东图珀洛,埃尔维斯肯定听到过日落时分田地里传来的欢呼,人们为结束了一天的劳作而发出的拖长了音调的声音。这些声音也许从附近的田地里传来,还有可能从临近的Shake Rag地区那里传来。那些布鲁斯的声音,码头上的低吟、路口小酒馆里的歌唱、工人们的吟唱,一直飘荡在空中。埃尔维斯将这些声音深藏在自己的灵魂中。他在20世纪60年代末期演唱的那首歌曲,都来自他自己的生活,比如与贫穷的斗争、证明自己的努力、那些来自上层社会的羞辱、母亲的去世、父亲曾入狱的耻辱等。埃尔维斯在孟菲斯的录音室里曾录制过一首名为《我曾用泥水洗手》("I Washed My Hands in Muddy Water"),这首心酸的歌是他自己的故事,讲述了儿子去监狱中探望父亲时感受到的罪恶。这是一首关于罪恶与监狱的歌。但公众并没意识到这首歌也是一种私人情感的表达。

埃尔维斯想再次现场表演。那个夏天,"复出特别表演"录制结束之后,他曾经告诉"上校"自己想再次进行巡演。"上校"也正有此意。现在,在艰难地结束了最后一部电影合约《修女变身》(*Change of Habit*)之后,埃尔维斯准备好了重新上路。

拉斯韦加斯

在"复出特别表演"之后,埃尔维斯重归潮流,这将使他在公众心中的地位进入到一个神化的阶段。埃尔维斯第二次被当成神一样的存在,这是他野心的顶点:从图珀洛到孟菲斯,从兰斯基的商店到拉斯韦加斯。他将自己夸张的颤音带到拉斯韦加斯,挑战了那里的演出规则。他还在炫目的舞台上创造了一个终极的自己,将自己多元化的音乐激情一一呈现。

因为还没有准备好让埃尔维斯开始一次长时间的巡演,"上校"帕克在拉斯韦加斯确定了一个长期的演出合约,主要是为真正的巡演打好基础。或许"上校"此时的脑子已经像轮盘赌的骰子那样转了很久(他后来的确染上了赌瘾),但他确信让埃尔维斯待在拉斯韦加斯对自己十分有利。而且在这里,埃尔维斯即使曝光次数不多也能为他赚来很多钱。尽管跟好莱坞相比,拉斯韦加斯几乎同样虚伪、堕落,但埃尔维斯还是很期待能在"罪恶之城"的霓虹灯下表演。对他而言,这是演出的巅峰,是一片神圣之地。很多伟大的音乐家,都曾在这里表演,比如弗兰克·辛纳屈、迪恩·马丁,他们都是埃尔维斯心目中的英雄。在这里获取成功,会让埃尔维斯长舒一口气;那些曾经嘲笑过他的大人物、上层社会的美女,将会在这里接纳他。

回望1956年,"上校"经常接到来自拉斯韦加斯的电话,还为埃尔维斯预定了两个星期的演出——但当时的上流社会和鸡尾酒会的精英阶层,并没有准备好接纳"乡村小野猫"。这让埃尔维斯很痛苦。"第一晚的演出结束后,我走到外面,在夜色中随便走走,"他说,"感觉糟糕透了。"但能遇到列勃拉斯(Liberace)和约翰尼·雷(Johnnie Ray)还是让他很享受,而且他喜欢那个地方热闹的氛围。在看到弗雷迪·贝尔(Freddie Bell)和"贝尔男孩"乐队演绎的《猎犬》之后,有人建议他在米尔顿·贝尔的节目上表演自己的性感版本。正是这场演出引发了关于他的讨论风暴。

回想自己1956年在拉斯韦加斯遭受的攻击,埃尔维斯很期待能回到原点;但当他1969年7月出发去内华达的时候,还是很紧张。无论如何,他已经用对一种艺术的自信武装了自己。如今,埃尔维斯已经不再是美国青少年的威胁,也积淀了能够跟成熟的观众交流的东西。事实上,他在全世界范围内的歌迷都对他很忠诚,不管他在音乐上有什么表现。但埃尔维斯始终担心自己会让他们失望。因此,他全身心地投入到工作中,面试乐手和伴唱人员，不知疲倦地进行彩排。

埃尔维斯开创的那种表演，不仅贯穿了他的整个职业生涯，在音乐史册上也是浓墨重彩的一笔。埃尔维斯受到"复出特别表演"制作人史蒂夫·宾得的启发，将自己不同阶段的音乐风格融合在一起。他是乡村歌手，也是狂野的吉他手；是福音歌者，也是灵魂唱将。埃尔维斯将这些元素，将自己所爱的全部音乐类型都融合在他的表演中。

1969年7月，航天员首次登月。同一年，埃尔维斯去了拉斯韦加斯。在拉斯韦加斯国际酒店的演播厅，他终于在一群上流社会的观众面前表演，台下共有两千人。那个演播厅宏伟壮丽、金碧辉煌，四处都是枝形吊灯，还有金色的窗帘。埃尔维斯从未像当时那么紧张。等他唱到《蓝色绒面鞋》("Blue Suede Shoes")的时候，全场瞬间为之疯狂。对于拉斯韦加斯来说，那一夜带给人们的兴奋简直精彩绝伦。他的感召力如此显而易见，在50年代饱受诟病的"摆胯"，如今却成了独特的风格和潮流。他左腿的动作更精妙，也更具诱惑力。埃尔维斯让观众感受到了每个节拍以及其中包含的能量，他的表演充分展现了他获得自由的喜悦。他依旧会摆出双腿叉开的姿势，但吉他现在只是个支撑物，是轻盈得可以卸去的负担。他说着滑稽的独白，在舞台上跳来跳去。他幽默且自嘲，喜欢说些双关语。对于表演的狂热又将他变成一个掌控者。现在他有了这样的权利，他是神一样的埃尔维斯。

他对观众们说："女士们，先生们，晚上好。欢迎来到盛大而奇特的国际酒店。你们看，墙上有奇怪的玩偶，天花板上的小天使也很特别；如果你们没有看到那些特别的小天使，你们等于什么都没看见。在演出开始之前，我确定自己会在舞台上大大出丑，但是我希望你们能感受到整个表演的震撼力！"

讲到自己人生故事的时候，他开始自嘲。纽约人常说："抓住他，抓住他，妙极了，他刚从树林里跑出来。"他拿"史蒂夫·艾伦秀"开玩笑，因为他曾在那里把"猎犬"唱成"巴吉度犬"。（"狗狗在撒尿，我竟然不知道。"）

所有观看了首场演出的观众都惊愕了。每个看过埃尔维斯表演的人都说，他是如此不可思议，让人为之着迷。埃尔维斯的激情、天赋和演技，他在灵歌中深藏的情绪，甚至他的动作（空翻和侧手翻）都让人震惊。普丽希拉在书中写道："埃尔维斯散发着雄性的魅力，那种自豪感只能在动物身上看到。在舞台上，他看起来像一只觅食的老虎。你看到后会说:'老天,这个人难道就是我认识的……'将他本人跟舞台上的那个人联系起来,是一件很难的事。这很不可思议。"普丽希拉已经跟他相识十年了,除了在"复出特别表演"现场,她以前从未看过他的演出。

这可能是唯一秘密的记载,演出结束后,神秘的"上校"帕克满眼含泪地拥抱了自己的"男孩"(此前,"上校"在大厅摆设了卖纪念品的摊位)。埃尔维斯对媒体说:"过去的九年里,我一直渴望能再次登上舞台。这种内心的渴望从1965年就开始了,直到我再也无法忍受……我想我已经没有办法抑制这种渴望了。"

这个在国际酒店举行的为期四周的演出,是拉斯韦加斯历史上相当成功的演出之一,总收入高达一百五十万美元。基于此,埃尔维斯得到了每年在拉斯韦加斯表演两次(共计八周)的演出合约。

在"复出特别表演"中,福音歌曲的部分允许埃尔维斯选择自己最喜欢的音乐风格。他跟身穿白衣的"姐妹花"(The Blossoms,一个由黑人女性组成的三重唱)一同在讲道台上表演,他们合作了《走投无路》和《头顶之上》("Up Above My Head")。埃尔维斯将福音歌曲的唱法带到拉斯韦加斯。他雇用了"甜蜜灵感"（Sweet Inspirations，一个灵歌乐队）和"厚绒布"（Imperials，一个福音四重唱乐队）。"厚绒布"乐队后来被"印章"（Stamps）乐队所取代。"印章"乐队的成员之一J·D·萨姆纳曾跟"黑森林兄弟"乐队在一起合作——埃尔维斯年少的时候曾加入过他们的整夜欢歌。这些乐队和谐地填充了背景音乐，他们的高音也是埃尔维斯想要的。在拉斯韦加斯，表演结束后，宾客们经常会聚在埃尔维斯的周围；而他也经常需要一直站在那里，跟"厚绒布"乐队或其他路过的歌者合唱福音歌曲。在教堂唱歌，和父母在家唱歌，跟朋友们在雅园唱歌，埃尔维斯一生都在这样练习。

当他的演出形式逐渐成熟之后，他开始在表演中融入最深沉的情感。他挖掘自己的人生经历，并将其呈现在作品中。《不能停止爱你》、《情不自禁爱上你》("Can't Help Falling in Love")，布鲁斯音乐《重新考虑一下，宝贝》、《记忆》("Memories")、《你的奇迹》("The Wonder of You")、《穿着我的鞋子走了一英里》("Walk a Mile in My shoes")，他重拾自己曾经最爱的音乐，《温柔地爱我》、《猎犬》、《监狱摇滚》等。他还用一首叙事歌曲《安妮的波克沙拉》("Polk Salad Annie")表明了自己的出身。（毫无疑问，格拉迪丝曾经常为他烹制"波克沙拉"。春天的时候，乡下的人们会在树林里收集美洲商陆①的绿芽来制作食物。）

埃尔维斯蔑视并想超越一切，除了他自己。他吸收了这些年来一直支持他的各类音乐，触碰到自己心灵的最深处，唱出了属于自己的布鲁斯。他将幸福的灵魂、喜悦、痛苦和活力都融入到自己的表演中。当年那个坐在路易斯安那大篷车上抱着吉他唱歌的纯真少年，太阳唱片的那段岁月，已经是遥远过去的事了。现在，他已经摇身变为"王者"埃尔维斯。1970年到1973年间，他完善了自己的舞台表演，将更多的精力投入到表演中，甚至超过了体能的极限。

随着埃尔维斯的表演在20世纪70年代初期逐渐成形，观众们也开始认可了他一直以来的华丽而又充满戏剧性的装扮。他小时候最喜欢的漫画人物"神奇队长"，在他这里化身为镶满珠宝的连身衣和一件华丽珠宝披肩的模样。这套衣服由设计师比尔·比罗（Bill Belew）设计，

---

① 美洲商陆，pokeweed，一种药材。——编者注

部分灵感来自于70年代最流行的服装款式——休闲外套、喇叭裤；部分灵感则来自于乡村乐手，他们很早就在自己西部风格的服饰上镶嵌了人造钻石。埃尔维斯的表演服超过了所有纳什维尔的朋友们。换上这套超级行头的埃尔维斯对自己独一无二的角色更为自信。

1972年6月10日，在纽约麦迪逊广场花园，埃尔维斯迎来了事业的顶峰。那是一场盛典，他背后有如此多的声音，就像来自天堂的迷人和声。当时，有两个人声伴唱团、一个摇滚乐队和管弦乐队一起配合他演出。演出以《查拉图斯特拉如是说》（"Also Sprach Zarathustra"）开始，这是众所周知的《2001年：太空漫步》（*2001: A Space Odyssey*）里的经典段落。舞台上的埃尔维斯神态庄严，穿着奢华的高领外套，手里的吉他就像一把M-16来复枪，横在他的身前。他跪下来，触摸、亲吻那些聚在舞台旁的女人们。然后，他站起来，开始演唱《没事了》。这首歌对人们来说已经不再陌生，它已成为"埃尔维斯现象"的代表作。演出开始没多久，他就扔了那把吉他。现在，他自己就是乐器，就是艺术。他演唱了他在50年代的一些热门曲目，还在节奏感强劲、令人心乱的摇滚乐中，穿插演唱了一些饱含力量的情歌，如《不可能的梦》("The Impossible Dream")。"美国三部曲"是他演出的经典段落,经常被观众的热烈掌声打断。他将三首歌——《美国南部》("Dixie")、《共和国战歌》("Battle Hymn of the Republic")和《我的苦难》("All My Trials, Lord")——混合起来唱,有些乡土、有些夸张,但有很强的渲染力,而且埃尔维斯展现了自己最真诚的一面。他的演出让人们为之疯狂,《纽约客》称赞他专业。《纽约时报》则将他跟乔·迪马吉欧(Joe DiMaggio)相提并论,"在他的领域,他是唯一的冠军人物"。

1973年,那场录播的演唱会《来自夏威夷的问候》通过卫星传遍了全世界,据估计有十五亿观众收看了那场演出。埃尔维斯的表现绝对是大放异彩。演出的最后,当他展开自己"美国之鹰"的披肩时,展开的鹰翼就像是嵌在了他的背上。那一刻,他成了神一样的存在。

不管是在录音室还是在舞台上,埃尔维斯对音乐的激情以及对艺术的掌控,都占据了主导地位。在"复出特别表演"之后,埃尔维斯摆脱了电影原声音乐的束缚。他发誓再也不会录制那种他没有感觉的歌曲。他经常回忆50年代那些他曾敬仰的音乐,比如《褪色的爱》("Faded Love")和《我真的不想知道》("I Really Don't

Want to Know")。更重要的是,他沉浸在灵魂音乐中,比如《失去你》("I've Lost You")和《二十个日夜》("Twenty Days and Twenty Nights")。但观众们发现,相比那些新发行的录音室专辑,埃尔维斯在舞台上的现场表演更让人为之倾倒。

最初的几年里,埃尔维斯在拉斯韦加斯的演出让他重新焕发了艺术青春。但他在"罪恶之城"的生活并不真实、放松。在他职业生涯的开始,他曾经寄希望于这个"赌博圣城",但不是为了赌博。对他而言,拉斯韦加斯的吸引力在于青少年不成熟的乐趣。他总是很晚才睡,是因为不想做噩梦;他喜欢那些闪烁的灯光,是因为他喜欢灯光而不喜欢日光。他的需求很天真。但拉斯韦加斯,却是赌注最高的终极游戏竞技场。

「神奇队长」去了华盛顿

曾有一次尼克松总统邀请埃尔维斯去白宫表演，但是"上校"没有答应，因为白宫从来不会付钱给邀请的演出人员。"上校"当时的答复是，让总统像别人一样付钱。

1970年12月，埃尔维斯决定一个人去白宫。在所有公之于众的关于埃尔维斯的奇闻中，去白宫拜访尼克松总统算得上是最奇怪的一次。

那个时候，埃尔维斯已经将拉斯韦加斯作为自己事业的基地，短暂的巡演也获得了巨大的成功。奇迹重现，埃尔维斯迷们也开始了新的疯狂。空手道给了埃尔维斯灵感，他开始在演出服上佩戴流苏、腰带，这让他站在舞台上的时候觉得自己所向披靡。但在舞台下，他则生活在与之不同的一种紧迫状态中。那时，他还扮演着丈夫和父亲的身份——1968年2月1日，丽莎·玛丽（Lisa Marie）在孟菲斯出生。尽管他的生活因为婚姻发生了积极的改变，事业也重新焕发了生机，但他离安定下来还很遥远。对刺杀的恐惧让他焦虑不安，伍斯托克音乐节、反战分子和对权威缺乏尊重的人们，都让他觉得危险。他因为年轻人沉溺于毒品而惴惴不安，但他却不肯承认自己所服用的处方药其实属于同一类药物。查尔斯·曼森（Charles Manson）在加利福尼亚犯下的几起凶杀案也让他很焦虑，他在拉斯韦加斯的时候还收到过死亡威胁。他开始变得有些偏执，并痴迷于自我保护。他遗传了母亲的那种危机感。如果格拉迪丝还活着的话，肯定会因为儿子重回表演舞台而发疯。恐惧使得他痴迷于枪支。他一直很喜欢警服，曾经想过成为一名警察。不管去哪儿，他为了自己的安全都会在很大程度上依赖于警察，因此他有很多时间都跟他们在一起。他尊重权威，在成为一名名誉警察之后，他终于有了一些场合可以穿上警察制服。他还会经常幻想自己发现了毒品或执行抓捕。他跟不同城市的警察都交上了朋友，还收集了很多他们赠送给他的警察徽章。当时，他收集枪支的嗜好更严重了。后来，他觉得自己有义务跟毒品进行斗争——此时，毒品已经在整个音乐界泛滥。也因此，他觉得自己应该有一枚由美国麻醉品和危险药品管理局（缩写"BNDD"）颁发的徽章。他想成为联邦政府的一名特工。

因为埃尔维斯坚持不肯放弃单身汉时期的生活习惯，普丽希拉几乎是从结婚一开始就预见到了这段婚姻会解体。埃尔维斯对工作的全神贯注让他们逐渐疏远，而他那些极端的行为——痴迷、幻想、依赖药物和对婚姻不忠，则完全超出了她能接受的底线。她知道埃尔维斯有多需要表演，因为这会让他放松；除此之外，没有什么能让他安静下来。在拉斯韦加斯，他因为自己的表演而情绪振奋——表演前服用的安非他明使他的神经系统处于非常活跃的状态——所以表演结束后，他会花好几个钟头，在酒店顶层有七个房间的豪华套房里接待崇拜者。在埃尔维斯真正感受到自己应该用天赋为歌迷们表演的同时，他还觉得应该赠送朋友和家人各种昂贵的礼物。对弗农和普丽希拉来说，埃尔维斯的这种挥霍在1970年年末才让他们觉得越来越危险，最后他们劝说他正视这个问题。（几乎没有人让埃尔维斯正视任何问题。）他们告诉他，他已经失控了。比如，在某次放纵行为之后，他不应该买一辆新的奔驰轿车去安抚自己的父亲。弗农害怕"飞舞的G环"农场的惨败再次上演。埃尔维斯一直不容分辩地给人们买汽车、房子，置办婚礼，有一次购买了价值两万美元的手枪。出去买东西的时候，他还会送礼物给陌生人。

那年12月，当普丽希拉和弗农跟他说完这个问题之后，埃尔维斯的反应是有些不相信。然后他就消失了。那是1956年之后，他第一次独自出门。他离开家之后，一个人去了机场，登上了一架飞机去了华盛顿。他打算去见一个跟他有婚外情的女人。除了一些洗漱用品外,他身上什么都没有。对于那次华盛顿之旅,人们几乎一无所知,他路上的花销怎么解决?他怎么知道如何处理各种杂事?普丽希拉说,他甚至都不知道自己家的电话号码,也从来不带现金。因为丢失了那个女人的电话号码,他无法得知那个女人身在何处,他又从华盛顿飞去了达拉斯。在那里他给自己的伙伴杰瑞·希林(Jerry Schilling)打电话,让他带些衣服到洛杉矶接他。等杰瑞到那里之后,埃尔维斯又决定飞回华盛顿;杰瑞坚持让另一个伙伴索尼·韦斯特跟他们在华盛顿会合,以确保埃尔维斯的安全。在飞机上,埃尔维斯用美国航空公司的信笺给尼克松总统写了一封信。在信中,他请求成为"联邦自由探员",还承诺帮助尼克松解决青少年毒品问题。"年轻人都很崇拜我。"他这样写道。

埃尔维斯在给尼克松的信中写道:"毒品文化、嬉皮士元素、学生运动、黑豹党等,并不把我视为敌人或是他们所谓的'保守派'。我认为这就是美国,我爱美国。"埃尔维斯告诉尼克松,自己被青年商会提名为"美国十大杰出青年",他还附上了一段"简单的自我简介"。在附言中,他提到给总统准备了一份礼物。

两个人看起来有些不搭,但实际上埃尔维斯跟尼克松有很多相似之处。他们都生活在绝缘的环境中,被自己的随从保护着。尼克松身边有霍尔德曼(Haldeman)和利希曼(Ehrlichman);埃尔维斯身边则有"孟菲斯黑手党"。尼克松曾有一次在白宫周围设了一圈公共汽车墙以阻隔抗议者;"上校"帕克则将自己的"嘉年华大篷车"绕在埃尔维斯周围。

一日凌晨,埃尔维斯在白宫门口投递了那封信。之后,他和杰瑞回了酒店;后来,他又去了美国麻醉品和危险药品管理局,但没能从官方获得他想要的那枚徽章。同时,尼克松的手下因为得到可以迎合百万青少年的机会,欣然接受了埃尔维斯的请求,很快就准备了总统的备忘录。当天十二点半,埃尔维斯已经坐在总统办公室,跟总统理查德·尼克松玩上了心理游戏。当时尼克松的助手伊戈尔·克罗格(Egil Krogh),后来详细地复述了那次会面的情景;索尼·韦斯特后来也出版了自己的回忆录。

埃尔维斯很珍视这次可以精心打扮的机会,到达白宫时的着装体现了他的气派:琥珀色的飞行员太阳镜、深色的裤子、紫色天鹅绒的"V"字领束腰斗篷、白色高领衬衫,腰上系着金色的腰带(腰带扣有托盘那么大),带金线的流苏饰品以及"生命之树"项链("树枝"上刻满了他的伙伴们的名字)。这套衣服的最出彩之处是他穿的军装式的斗篷外套,既像有黄铜纽扣的水手呢上衣,又像蝙蝠侠,还有些像"神奇队长"。他化了妆,几乎肯定的是,他有些神志恍惚。

在进入总统办公室的前三十秒,他因为敬畏一句话都没说,然后很快他就开始和总统侃侃而谈。显然尼克松有些迷惑,退一步说,他觉得埃尔维斯有些特别。很明显,埃尔维斯的真诚和魅力给尼克松留下了深刻的印象,而且这个奇怪的对话组合看上去还算合得来。对于埃尔维斯提出的帮助政府进行禁毒的运动,尼克松很感兴趣。

埃尔维斯有些令人意外地警告尼克松要提防披头士,说他们是反美的。这句话让尼克松有些疑惑,因为披头士的话题根本不在备忘录里,而且他不知道他们促进过致幻药和大麻的传播。这些都是埃尔维斯出于好奇而尝试过的毒品——就像是他在自己家尝试接待披头士一样。但当时他没有提这一点。

"我只是一个从田纳西出来的穷孩子,"埃尔维斯对总统说,"我从自己的国家那里获得了很多,我希望能够作出一些回报。"

"这会非常有帮助的。"尼克松说。

"……我研究毒品文化已经有十多年了。"埃尔维斯对总统说。他提出自己会在工作中跟青少年沟通。"我能直接与一群嬉皮士和青少年接触并获得他们的认同,"他说,"这会相当有用。"

他用皮箱带了一些自己收藏的徽章给总统看。因为他的魅力,尼克松很快就主动承诺帮他获得他梦寐以求的"BNDD"徽章。因为太过高兴,他拥抱了总统。这个动作让尼克松吃了一惊,就像那些嬉皮士可能对他说的话一样。(普丽希拉后来声称,埃尔维斯之所以想要那个徽章,仅仅是为了可以方便携带自己使用的处方药,以及为他自己和"孟菲斯黑手党"携带枪支提供便利。)

尼克松说:"你的穿着有些奇怪,不是吗?"

埃尔维斯说:"你有你的表演,我有我的。"

尼克松打开桌子抽屉,找出一些总统领带夹送给埃尔维斯的同伴们作为纪念品。这时候,在埃尔维斯的鼓动下,索尼·韦斯特和杰瑞·西林才被带进总统办公室。跟总统之间的亲密感给埃尔维斯壮了胆,他开始翻尼克松的抽屉,想找到什么纪念品。"要知道,总统先生,他们都有老婆的。"他说。最后,埃尔维斯为他们找到一些带有总统封印的别针,尼克松让他们三人带着纪念品满意而归。

从华盛顿回家的时候,埃尔维斯因为见到了总统和得到了徽章而兴奋不已,他在圣诞礼物上挥霍了更多的钱,其中包括四辆梅赛德斯。进入白宫前,他准备送给总统的礼物被截留。那是一把带有七枚银子弹的手枪,是一位收藏家收藏的"二战"时期的柯尔特0.45,曾在欧洲和非洲的多场战役中立下战功。埃尔维斯似乎不记得这次经历,那个月晚些时候,他又带着两把手枪参观了美国联邦调查局。

这样的事件层出不穷,他身边的人开始担心埃尔维斯是否失去了对现实世界的认知。他去华盛顿的冲动,当然是因为他的家人试图跟他讲道理引发的生气和怀疑,但当时的他用药量越来越大了。演出所需要的精力迫使他越来越依赖于镇静剂、兴奋剂以及止痛药。埃尔维斯害怕那些致瘾的麻醉品,但他始终坚信自己服用的处方药是合法、安全和必需的。

或许,通过去白宫索要一枚缉毒警察的徽章,埃尔维斯正在脱下自己光鲜的外衣。又或许,摇滚叛逆者和携枪的右翼义务警员身份之间的悖论,并未在他身上消失。我们可以很容易地发现,因为他服用的药物,他已经有些妄想症状。天性消极的埃尔维斯,不太可能心甘情愿地挤到白宫这样的地方。但借助药物变得强大的埃尔维斯,超级明星、流行天王埃尔维斯,却可以自信无忧地漫游世界。因为身穿斗篷的"复仇者"埃尔维斯是不可战胜的。他不可能那么简单地相信自己,他需要创造另一个版本的埃尔维斯,去做那些他不能做的事情。失去双胞胎兄弟的记忆,依然存在于他的灵魂深处。

戴着一些执法机关的徽章和空手道的黑色腰带,他想加入理查德·尼克松、J·埃德加·胡佛整治世界的行列。他唯一需要的就是一枚徽章。隐藏在自己"神奇队长"的斗篷下,他可以打击恐怖力量,让人们感到敬畏。他甚至可以控制"闪电球"。

迷失

那枚特工徽章让埃尔维斯对权威有了更深入的体会。他很爱玩弄这枚徽章和其他执法徽章。作为一个缉毒警察,他觉得自己是凌驾于法律之上的。他会在自己的车上安装警笛和警灯,有时还强迫那些超速的人停车。1971年1月,他戴着还崭新的徽章,在一个事故现场停下自己的豪华轿车以便提供帮助。一个警察看到后,先是惊讶然后兴奋;一个受伤的女人,倚在车的前座上,看到埃尔维斯和他的徽章后惊得目瞪口呆。埃尔维斯很喜欢将小时候警察抓小偷的幻想付诸行动。在他的家中,他收集的手枪堪称一个军械库。衣橱里还有一套第一流的私家侦探装备。拿到徽章几年后的一天,埃尔维斯路过加油站时看到两个男人在殴打加油站的工作人员。他停下豪车,走过去用几个空手道的动作迫使打架双方分开。当事人看到埃尔维斯·普雷斯利后大为震惊,不再殴打,还请埃尔维斯跟他们合影。

拜访尼克松后不久,埃尔维斯在索尼·韦斯特的婚礼上当了一回伴郎。他觉得需要自我保护,提防那些行凶者和精神病,于是在自己的皮裤里放了五把手枪。其他人不得不极力劝说,他才没把十五英寸大小的警灯带上祭坛。然后,他要求所有人离开婚宴改去雅园;到雅园后,他决定让所有人,包括新郎和新娘,陪他去孟菲斯剧院看电影。埃尔维斯坚持要成为一切事情的焦点。

这个埃尔维斯不是大家都喜爱的那个埃尔维斯,那个埃尔维斯知道怎么对待别人。他已经变了。普丽希拉曾说埃尔维斯"买下了自己的形象"。很明显,他自以为是、自我膨胀。而且我们还可以很简单地将一切都归咎于那些处方药。某种程度上,对于一个像孩子一样处理事务的人来说,埃尔维斯这样的行为似乎是符合逻辑的,毕竟他所有的幻想都能成为现实。埃尔维斯无法意识到自己收集枪支和追求心灵成长之间的矛盾,也看不到自己无顾忌地发怒与谦卑的信仰之间的差距。他还可以维持自己的日常生活,魅力依旧并且慷慨大方,还没有因为药物而持续妄想或神志不清。但他仍然缺少基本的安全感,对自己的价值也充满怀疑。因此,被美国青年商会选为十大杰出青年让他十分自豪。更重要的是,颁奖典礼会在孟菲斯举行。像往常一样想成为焦点,埃尔维斯邀请了青年商会的所有人参加雅园的鸡尾酒会,然后在一个饭店安排了一次烤肉大餐。获奖之后,他发表了一段意味深长的感言:"女士们,先生们,我小时候是一个梦想家。看漫画书时,会幻想自己就是书中的英雄;看电影时,又幻想自己是电影里的英雄。然后,我曾做过的那些梦如今都实现了上百次了。"埃尔维斯非常看重这个奖项,在他接下来的人生里,每次上路他都会带着这座奖杯。

就像他跟青年商会的人们说的那样,埃尔维斯完全实现了自己孩提时的幻想,有些甚至是他不敢期望的。他成了歌星、电影明星,销声匿迹之后又胜利回归。但身处超级名利场,让他更难去理解自己的人生,也更难成长为一个艺术家或者一个人。他所生活的世界跟普通人不一样。他生活在"埃尔维斯大陆"上。最后,他甚至都没有办法自己处理最简单的事情。他不会调电视画面,不得不在半夜的时候给父亲打电话,请他过来帮忙。当他从盒子里取出自己喜欢的小雪茄时,别人要把打火机点着,如果对方不这么做的话,他可能会发火。每当这时,埃尔维斯体内的"黑暗幽灵"似乎就会出现,愤怒、鲁莽、暴虐、令人恐惧。每个为他工作的人都害怕他这种急躁的情绪爆发,他们也害怕被驱逐。厨师们用美味的食物宠溺他。"孟菲斯黑手党"继续满足埃尔维斯的各种需求。他们陪伴他,而且时刻准备着完成临时性的任务和工作。即使埃尔维斯想在半夜买一辆奔驰,也有人知道该怎么做。有时候出去巡演,埃尔维斯会带上一个珠宝商跟随自己。珠宝商会携带一些漂亮的珠宝,这样等埃尔维斯临时兴起想要购物的时候,随时都有可供他选择的东西。作为"国王",他觉得自己应该挥霍地生活。但他的放纵和极度慷慨,其实才是真正奴役他的东西。就像曾经被困在电影合约里一样,埃尔维斯被困在了能赚到足够的钱维持自己奢华生活的新工作中。

他很紧张,就算是安静地坐在家中,他的腿也会经常失控地抖动。他的精神涣散,在突发奇想、诡异的冲动和奇怪的需求的推动下,变得更为严重了。

普丽希拉无法应对埃尔维斯越来越多的失控行为。他对她很不好,经常一离开就是几个星期,而且只准她在活动开始和结束时去拉斯韦加斯。这就像回到了他们婚前的好莱坞岁月,当他在外跟电影中的女主角调情的时候,他让她在雅园耐心地等待。普丽希拉爱上埃尔维斯的时候,还只是个孩子。在雅园成长的那段岁月,她只想以一种浪漫、圆满的方式嫁给他。尽管埃尔维斯一直声称自己深深爱着普丽希拉,却从未以一个平等、成熟的伴侣身份对待她。甚至在他们有了孩子之后,他还是会有背叛行为,试图在别的女人身上寻找性和母性两个不可调和的元素。最后，普丽希拉获得了一些独立的机会。1972年，在看到埃尔维斯实在无可救药之后，她为了另一个男人——自己的空手道教练——离开了他。埃尔维斯崩溃了。普丽希拉的离开对自负的他来说是个沉重的打击。狂怒之下，他命令雷德·韦斯特去雇一个杀手干掉普丽希拉的男朋友。众人费尽唇舌才让他放弃这个念头，他实在是太难过、太愤怒了。

早在1973年他们离婚之前，埃尔维斯就已经开始向很多女人寻求爱与呵护；他需要持续不断的爱和母性的关怀。他需要他人激励自己，他需要众多的仰慕者。他依然相信，如果没有那些歌迷，自己将与一个普通的工人无异。他一直低估了自己在获取成功中所占的分量——天赋、野心和辛苦工作，更不清楚自己为歌迷们带去了多么珍贵的礼物。他永远活在自己那个虚幻的形象之中。因为对自己的深度怀疑，他越来越消沉。

他需要更多的药物，不只是兴奋剂。他越来越频繁服用镇静剂和止痛药。他有各种办法从不同的医生那里搞到药物。他研究《临床医生案头手册》，知道如何获得想要尝试的药物；根据自己的医学知识，他可以假装各种症状并哄骗医生开出他想要的药方。有一次，他在周日的时候去了一家药店想开一些药,但药店那时候已经关门了。药剂师看到埃尔维斯·普雷斯利站在自己门口的时候大为震惊,按他的要求开了药。

弗农·普雷斯利旁观着儿子疯狂的滑稽举动。"哦,上帝!"埃尔维斯父亲的人生转变是值得留意的——在人生的前四十年都一贫如洗,然后竟然升入了拥有国产喷气式飞机的富有阶层。尽管经历过经济大萧条的他在花钱方面很谨慎,但他还是欣然适应了有华服与珠宝的丰裕生活,并且在依靠儿子的收入生活的同时还要坚持某种权威和尊严。埃尔维斯让父亲当自己的财务主管,因为他知道吝啬的父亲不相信任何人,这样就可以保护他。弗农也的确一直保护着埃尔维斯。这种保护不仅是工作上的,更是一个男孩儿期待从父亲那里得到的关怀和保护。弗农帮他支付账单,悲叹儿子的挥霍并试图抵制这种浪费,还对那些雇员发号施令。某种程度上,弗农保持了自己简朴的生活习惯。有时候他会去雅园附近的皮卡迪利餐厅吃简单的便餐。早些年的时候,他还亲自为雅园除草,亲自修理汽车——也可能是因为他无事可做。他喜欢修理那些旧汽车。他曾经尝试做汽车代理的生意,但赔了钱。他还曾在埃尔维斯的电影里饰演没有台词的路人。他对自己的第二个妻子迪·斯坦利不忠，最后他们离婚了。他住在雅园后面街上的一栋房子里，房子装修华丽，跟雅园别无二致。他的卧室里有一个小小的瓷砖铺制的游泳池。他失眠，心脏也不好，而且酗酒。

弗农的工作就是维持雅园的正常运转并避免破产。对回到贫穷的恐惧，紧紧地将他跟"上校"帕克连在一起。

埃尔维斯事业起伏的一个关键因素就是普雷斯利家的人对"上校"帕克忠诚度的变化。尽管埃尔维斯曾多次想要获得自由，但他和父亲狭隘、不懂世故的乡下人思维使他们受制于"上校"。他们将自己托付给一个"南方人"，信任这种地域联系，也赞赏"上校"出色的策略，于是注定了会被这个人完全操控。"上校"是成功的，他粗制滥造产品并赚了很多钱。那些电影、背景音乐，印有埃尔维斯头像的午餐盒，都是纯粹的商品，这在"上校"的世界里是完全正当的。他以价签或者可以从中获利多少来评判事物的价值。他让埃尔维斯变得富有，同时也把埃尔维斯带入了一种唯利是图、卑鄙自私的合作关系。埃尔维斯理想的经纪人应该理解他的艺术视野，同时以一个智者和长者的身份帮助他成长。但"上校"做不到这些。弗农也不能。于是，除了自己炽热的希望和梦想之外,埃尔维斯没有方向也没有向导。

在埃尔维斯的故事中,有一股庸俗的支流,这是从他的贫穷以及贫穷导致的价值观中生发出来的。一种"饥饿"的心理状态曾带领普雷斯利一家人找到"上校"——一个同样出身贫苦、不受重视的人。"上校"曾经给女服务员一本挂历作为小费,还默许其从宾馆偷出免费的食物。他的办公室看起来有些疯狂,就像巡演途中的一个做饭帐篷,还有几张油布覆盖的桌子。公司的老板们发觉很难跟他打交道。他做生意的方式有些让人难以理解,经常莫名其妙地加入忠诚的概念,在让人犯迷糊的喋喋不休之中隐藏了自己实际上并不精明的真实意图。

1973年,"上校"同意将埃尔维斯的旧唱片以出让版权的形式卖给RCA公司,预付款为五百四十万美元。他还起草了一份跟埃尔维斯的新合同,确定在新唱片的未来收益中五五分成。随着跟RCA的新唱片合同以及一些周边合作,"上校"成功地让埃尔维斯获利。后来在1976年,"上校"又修正了跟埃尔维斯的合同,确定了巡演的利润分配,以五五分成替代之前埃尔维斯取得三分之二收益的惯例。

在埃尔维斯的职业生涯中，他一直抱怨"上校"的权力凌驾于自己，但又默许了这种情形的存在。他们的关系是相互依存的。事实上，埃尔维斯是"上校"的全部。他们两人之间实际上有着深刻的关联，靠忠诚和信任维系着：埃尔维斯不会质疑"上校"；除非必要的时候，否则"上校"也不会表露自己的情绪。1973年，埃尔维斯累积的挫折感最终在一次摊牌中爆发。在拉斯韦加斯的希尔顿酒店（前身是国际酒店）的舞台上，埃尔维斯抨击了酒店解雇他所喜欢的一位女服务生的行为。演出之后，"上校"对埃尔维斯大发雷霆，谴责他在舞台上的不专业举动。于是，埃尔维斯解雇了他。"上校"冷静地说会将他们之间的费用清单寄过来。这段失和大约持续了两周的时间。"上校"的账单要求埃尔维斯支付两百万美元，然后埃尔维斯和弗农妥协了。他们不知道，有无数人想付他们两百万美元（甚至更多）当埃尔维斯的经纪人。他们上了"上校"的当。

实际上，也不能完全将责任推到"上校"身上。他所做的是他擅长的，也是埃尔维斯雇他的原因。但他的影响无疑是恶劣的。埃尔维斯允许掌控自己的这个人，既不懂艺术，也不懂挑战和尝试。他们曾经是个很好的组合。"上校"将埃尔维斯的天赋如此成功地包装成商品，并让他举世闻名。"上校"和埃尔维斯曾达成过协议，埃尔维斯一直到死前都困在这份协议中。开始的时候，这种合作还是好的，但后来越来越糟糕。

在拉斯韦加斯，当埃尔维斯回到他的顶楼套房，接待一批批访客并被自己的保镖和随从簇拥着的时候，"上校"爱上了赌博。比起从前，他更需要埃尔维斯挣钱，只有这样他才能继续玩下去。埃尔维斯同样需要赚钱，只有这样才能维持他自己的花销。埃尔维斯一如既往地顺从"上校"为自己安排的巡演，每轮巡演大约演出二三十个夜场。在拉斯韦加斯，埃尔维斯保持了每周七天、每天两场的演出节奏，要这样持续一整月。尽管相比电影，他的巡演收入多了很多，但是他还是不得不紧跟演出日程表，这样才能付薪水给那些靠他生活的人们。每次巡演都需要三十九个人的团队。他没有办法退出，尽管他偶尔有这样的想法——甚至在他挥霍地买礼物的时候。在整个70年代，随着巡演的不断变化，他开始厌倦了自己开创的这种演出形式。他开始憎恨拉斯韦加斯。他的表演开始变得陌生和脱节。当埃尔维斯厌倦表演的时候，他是真的迷失了。

寂寞大街的尽头

对于自己成为"流行音乐之王"这件事,埃尔维斯从未停止过感叹。20世纪70年代的一天,他走进一家宠物商店,所有被关在笼子里的狗都叫着想要引人注意。"没错,我就是埃尔维斯·普雷斯利。"他开玩笑地说。事实上,这是一个很有代表性的时刻。自1956年以来,在他成名的近二十年中,歌迷和靠他生活的人们以狗一样的忠诚簇拥在他的周围。这些人愿意为他做任何事,期待自己被选中,各自争宠,想要获得他更多的关注。

但埃尔维斯还是感到寂寞。他身边没有任何一个人经历过他所经历的那些事。他没有同辈,没有灵魂伴侣,也没有知心密友。他在年轻时代就找到了最好的"麻醉品"——成为王者,而为了维持这种超凡的体验,他需要越来越多的肯定。他需要药效越来越强的化学药物保持激情,偶尔还需要药物帮助自己安静下来,享受片刻的放松。当他成为地球上神一样的存在时,他更无法放弃那种原始的、令人难以置信的被崇拜的感觉。他上了作为"埃尔维斯"的瘾。

颇具讽刺意味的是,在很大程度上,人们后来用舆论围剿他的方式,跟当初颂扬他的方式如出一辙。人们对他的盲目崇拜扭曲了他对自己的认知。毕竟,他也想成为人们幻想中的那个埃尔维斯。人们总是对他心存幻想，如果幸运的话或许还能从他那里得到现金或者凯迪拉克。而埃尔维斯一直想给人们他们想要的。1975年，有一个演唱了一些热门歌曲的乡村歌手拜访埃尔维斯的时候，暗示埃尔维斯给自己买一辆巡演用车。埃尔维斯很恼火，但即便知道自己被别人利用，最后他还是妥协了，买了一辆巴士送给那位歌手。

一些贪婪的亲人尤其让他感到苦恼。他们直白地说出自己的需求，并用渴望的眼神盯着他。即使他为其中的一些人在雅园安了家，但他们还是一直困扰着他。曾有一次，在他为巡演准备的私人飞机康维尔880喷气式飞机"丽莎·玛丽号"上，他的婶婶德尔塔喝醉后从包里掏出一把手枪，威胁说要射杀一名保镖。回到雅园后，出于愤怒，他曾威胁说要把她驱逐出去，然后又意识到她根本无处可去，而且她是自己的家人。尽管他对自己的亲人保持了忠诚，但不得不说这些人都是他的负担。在最后几场录音中，有一次他曾想过录制一首名为"乡下人"的歌。但第二天他就放弃了。"我可不是什么乡下人。"他说。

成为别人期待自己成为的那个人变得越来越难。某种程度上,埃尔维斯知道自己在舞台上假装是太阳神阿波罗是一件滑稽的事情。他一直习惯于拿自己的形象自嘲,而且经常把这些小笑话作为旁白,比如他会说"女士们,先生们,这是一场滑稽的演出"。在演出过程中,他会很自然地拿"埃尔维斯"身份制造一些出人意料的时刻,即使是在唱严肃歌曲的时候。从高中时起他就开始这么做了,这也是他个人魅力的一部分。披头士也会这样做。看起来冷酷的鲍勃·迪伦偶尔也会露齿微笑。但现在,埃尔维斯拿自己的形象开玩笑的时候,却有了一种悲凉感。他允许自己成为一个笑话。他不是在自嘲,而是在破坏自己的形象。他非常看重自己的那些歌曲,特别是那些高亢、充满激情的歌曲,如《不可能的梦》("The Impossible Dream")、《梦想的力量》以及"美国三部曲"。但他后来在唱这些歌的时候,却不断以自贬的评论和滑稽的姿态干扰歌唱,他破坏了歌曲的意义及其情感冲击力。他自己背叛了自己的忠诚。他对那个应该"被崇拜的埃尔维斯"一直抱持怀疑,他似乎在乞求观众看穿他并拒绝他——于是,观众们都看到了埃尔维斯崩溃的一面。

他生命最后的几年都被寂寞和痛苦紧紧包围着。有十几个人照顾他的生活,但在获取自己想要的药物这个问题上,他智慧超群。他的私人医生乔治·尼克普鲁斯(George Nichopoulos),曾负责他巡演路上的健康问题。在可能的情况下,他会使用安慰剂试图戒除埃尔维斯的药瘾。但埃尔维斯总能找到其他途径。他将《临床医生案头手册》当成商品目录,并以此自欺,认为可以控制药物的摄入量。他买了一大堆关于药物的书籍。他尝试了很多种镇静剂和止痛药。最后,唯一可以让他感到完整(也就是可以体验到自己王者气势)的手段,就是每天服用五十多粒药。他在雅园附近的沃尔格林药店开的常规药方(用的不是他的名字)其中包括抗抑郁药和杜冷丁。在他生命的末期,他开始注射可卡因。因为身体上的其他症状,他还服用了各种各样的药物。类固醇导致了体液滞留,因此他看起来比实际上更胖。尽管他以前很注重保持体形,但随着镇静剂用量增多,他的体重开始逐渐上升。媒体对他的体重十分敏感,但是对于喜欢油炸食品的南方人来说,他的体形在同龄人里并不会让人感到吃惊。

他的健康是一个被大家忽略的巨大盲点。埃尔维斯重复着母亲的讳疾忌医:不承认身体的问题,也不告诉别人，拒绝去医院进行全面体检，好像让大家知道自己身体不好是一种耻辱似的。他一直是一个极端主义者，经常暴饮暴食。有时候，他会吃一种食物一直吃到腻为止。他渴望从小就吃的南方特色食物，比如炸肉、肉汤、豇豆、蔬菜拼盘、土豆泥、饼干和馅饼。埃尔维斯请的厨子都需要擅长做南方食物。改变他一直以来的饮食习惯似乎是难以想象的。埃尔维斯依然珍视那些曾在教堂里日日欢歌的时光，也怀念席地吃饭的肆意——那是既有音乐又有食物的盛宴。

尽管身体越来越差，埃尔维斯还是努力完成自己跟拉斯韦加斯的演出合约，大约一年要演上百场。在舞台上，他会在靴子里放上一把大口径短枪来保证自己的安全，他的贴身保镖也被安置在他的周围，但在那样的氛围里，他还是不断地给自己招来了麻烦。疯狂的女歌迷会将自己的内衣扔上舞台，还会为了接近他疯狂地拥挤、踩踏。埃尔维斯玩笑般的方式鼓励了她们这种歇斯底里的行为。他会手持斗牛帽摇摆手臂，还会用自己的丝巾挑逗她们。为了抢夺丝巾，她们甚至会互相殴打。他逗弄她们，明显是害怕如果不引起争议或是挑起疯狂的举动，他就会失去自己的魔力。20世纪50年代时，他的这种不自信尤为明显。

逐渐地，随着埃尔维斯再也无法克服自己的药瘾，他对自己的演出也不那么关心了。从1974年开始，他似乎大多数时间都是精神恍惚的。他在漫长的独白中神游（特别是当他在拉斯韦加斯的希尔顿酒店进行非正式表演的时候），讲述自己的故事，展现个人的恩怨情仇。有一天在希尔顿酒店的舞台上，他还谴责了那些说他"因毒瘾而身体虚弱"的流言。演出中，他表演了十五分钟的空手道作为证明。有时候，他会随意拿起一本关于心灵的书读起来。他在台上表演的时候，开始频繁忘词。有时候登台的时候，他还是半睡半醒的，除非有一剂兴奋剂能把他叫醒。有一次，他甚至在表演的时候睡着了。"上校"不得不将他的演出计划从一个月缩短为两周。1976年12月之后，他再也没在拉斯韦加斯表演过。在拉斯韦加斯最后的时光里，他曾在酒店的便签上写下自己的一些痛苦思绪：

"这一切都没有必要了……上帝，帮帮我。""我不知道自己还能跟谁说话，也不知道还能去找谁。我只有自己和上帝。上帝，请帮帮我找到正确的路。""我有时候很错乱。静下心来，知道自己就是上帝。感受自己的内在,在你知道我在那里之前。"

开始巡演的时候,他的表演比在拉斯韦加斯的时候更用心。他觉得,自己的歌迷就在那里,他不能够让他们失望。他将自己的痛苦倾注在歌曲中,《锁不住的旋律》("Unchained Melody")、《忧愁河上的金桥》("Bridge over Troubled Water")、《我的路》("My Way")以及福音歌曲《何其美妙》都表现了他最深沉的情绪。任何时候,只要外在环境不错、他的情绪不错、药量也刚刚好,他还是能为观众献上一场令人振奋的演出。1977年6月,在印第安纳州的波利斯,在他生命的最后一场演出中,穿着阿兹特克太阳神式连身裤的他,散发出了最后的光芒。

对于那些照顾他的人来说,埃尔维斯的确让人觉得难以应付。"孟菲斯黑手党"行事一直很小心,唯恐让埃尔维斯正面药物问题会导致自己被解雇。他们知道自己必须继续扮演好自己的角色,围在埃尔维斯身边让他放松。他们必须平息埃尔维斯的怒气,对他的孩子气一笑了之。毕竟,他们不能让埃尔维斯感到羞辱或者尴尬。当埃尔维斯不再巡演的时候,这帮同伴也都各奔东西了。

弗农也无法阻止儿子的自我毁灭。他甚至对埃尔维斯的药瘾问题不甚关心。1975年，他因为心脏病而入院，在病床上他责备说是埃尔维斯让自己犯了病。当时他说："就是你让你妈妈一直担心，她才早死的！"这句异乎寻常的话也许是出于无心，但也的确让埃尔维斯的内心为之煎熬。如果埃尔维斯相信这句话，那么他的自毁更是不可避免的了。

他身边的每个人都知道埃尔维斯陷入了危机。但他们还是不肯相信或者承认这个事实。一直照看埃尔维斯的琳达·汤普森（Linda Thompson），曾是孟菲斯选美皇后，给了埃尔维斯母亲般的关怀。甚至埃尔维斯每次入院的时候，她也陪在他的身边。在普丽希拉离开之后，他曾跟琳达保持了很长时间的一段关系。但最终在1976年年底，琳达也离开了——因为埃尔维斯太过黏人。她声称要去追寻属于自己的生活。她意识到，自己没有办法拯救埃尔维斯。

之后，埃尔维斯又找了一个漂亮女人——金格·奥尔登（Ginger Alden）。她的年纪只有他的一半，因为太年轻，根本不了解埃尔维斯曾经引起过多大的轰动。她被他弄得手足无措，根本不知道怎么应付他的各种突发奇想。他想跟她结婚，但是不确定她对自己的感觉，也猜不透她的想法。他把这个困惑告诉了拉里·杰尔:"我永远都不知道,一个女人究竟是爱我,还是爱'埃尔维斯·普雷斯利'。"但他跟她走得很近。她身上的某种气质会让他想起自己的母亲。

1976年,因为埃尔维斯没有办法去纳什维尔,RCA公司曾两次将移动录音设备运到雅园,但录音还是失败了。埃尔维斯因为没办法找到演绎歌曲的正确方式而倍感沮丧。尽管他没法集中注意力,但还是做出了几首不错的歌曲,如将罗伊·汉密尔顿(Roy Hamilton)那首激情昂扬的《受伤》("Hurt")改编成了原始、痛苦的版本。1976年10月,他的最后一次录音在丛林录音室(Jungle Room)完成。埃尔维斯几乎没怎么跟同事配合。他看起来根本不在乎,但还是很好地完成了《至死不渝》("Pledging My Love")。这首歌听起来很怀旧,很像是找回了50年代的声音和风格。

在他生命的最后几个月,他不想那么多人围在身边,他也很少出去或者跟人嬉闹。更多的时候,他是一个人,有时候还会把自己关在卧室好几天,卧室的窗户上覆了一层铝箔以遮挡阳光。有时候,他还会在雅园后面骑几个小时的马。

清醒的时候,他经常研究自己那些关于哲学或者心灵的书籍。旅行的时候,他还是会拖着一大箱子书。普丽希拉当年烧掉的那些心灵书籍,并没有浇灭他对心灵探索的激情。埃尔维斯还在读1956年朱恩·胡安妮可送他的卡利·纪伯伦的《先知》,这本书他一直放在床边。

他依旧做着被抛弃的噩梦,身体也越来越差了,还得了青光眼。在那些年中,为了戒掉药瘾,他曾经被送入医院治疗五次,差点死去。一年之内,他曾有三次用药过量。但他坚持认为一切都在掌控之中。他拒绝放弃服用药物,也不肯去看心理医生。没有人可以告诉他应该做什么。

在埃尔维斯生命的最后几年中,一直崇拜他的表弟比利·史密斯,也许是除琳达·汤普森之外跟他最亲近的人。当年与弗农一起入狱的就是比利的父亲。1974年,埃尔维斯把比利夫妇安置在雅园后院的一辆房车里;而比利则在那些年中扮演了埃尔维斯最忠实的管家的角色。在埃尔维斯去世前的两个月,与他交流最多的就是比利。他们经常花好几个小时待在埃尔维斯的房间里,有时候只是大笑,还会表演"巨蟒"(Monty Python)喜剧团体的保留节目。有时候,埃尔维斯也会停止偏执的妄想。但大多数时间，他们会不停地聊天。

埃尔维斯对索尼·韦斯特和雷德·韦斯特当时正在撰写的一本书很担心。许多年来，这两个表兄弟一直是埃尔维斯忠诚的朋友和保镖。1975 年，雷德试图跟埃尔维斯贴心对谈，聊一聊药物究竟怎样改变了他的人格这个问题。埃尔维斯看起来很认真地聆听思考了，也承认过去的日子更开心一些。但第二天埃尔维斯却坚定地说："我就是要做我想做的事情，这没什么好说的。"从此，这个话题便成了禁忌。一年后，弗农在努力削减支出以平衡埃尔维斯的花销时，解雇了索尼和雷德。当时被解雇的还有另一个保镖戴夫·赫伯勒（Dave Hebler），他是这个群体的一名新成员。索尼和雷德因为埃尔维斯没有替他们说话而感到很受伤，后来又总结说埃尔维斯根本不在乎他们。这三位被解雇的保镖决定写一本书，曝光埃尔维斯的药瘾丑闻。

当埃尔维斯听说这件事的时候，觉得自己遭遇了严重的背叛。他们违反了"孟菲斯黑手党"的做事原则。1977 年 8 月的第一周，《埃尔维斯，你怎么了？》（*Elvis, What Happened?*）正式出版。比利·史密斯表示，对于这次揭露，埃尔维斯既深感震惊，又万分沮丧。他的下一次巡演即将在几周后开始。歌迷们或许会对自己不满,这样的担忧深深地折磨着他。他们对自己喝倒彩怎么办?万一他们喊他"瘾君子"呢?他设想了各种反驳的说法,比如他真的需要这些药,比如医生开的那些处方。他想或许可以把自己的医生介绍给观众。为了自己,埃尔维斯需要一个光彩夺目的机会。但因为自己的苦闷,他觉得自己必须直面自己的歌迷。如果感到有压力,他会承认自己的药瘾问题,而且会寻找治疗方式。在他的人生中,这是第一次,他决定不再躲藏。上台前,他为台下的歌迷准备了一小段讲话。

为了巡演,埃尔维斯一直在节食。8月17日,巡演将在缅因州的波特兰拉开帷幕。8月15日,他一整天都没吃东西。那天晚上,他去了牙医那里;凌晨的时候,他有些失眠,于是叫了比利、乔·史密斯来跟他和金格·奥尔登玩壁球,壁球室就在房子的后面。他很累,而且身体状况不好,没有办法玩激烈的游戏,而壁球是很耗体力的。他在壁球场地外坐下,弹着钢琴唱了几首福音歌曲和一首乡村歌曲《蓝色的眼睛在雨中哭泣》("Blue Eyes Crying in the Rain")。然后,他回到自己的房间。比利跟他一起上楼,帮他梳洗、吹干头发。比利走的时候是早上七点,那时候埃尔维斯已经上床了。埃尔维斯对他说的最后的话是:"比利……孩子……这将会是我最棒的巡演。"比利说,当时埃尔维斯正在读《关于耶稣脸的科学研究》(*The Scientific Search for the Face of Jesus*),作者是弗兰克·欧·亚当斯(Frank O. Adams)。几天前,拉里·杰尔带了一些埃尔维斯想要的书过来,其中就包括这本书。书中声称裹尸布上留下了耶稣脸部的印记。埃尔维斯还是无法入睡,他起身到浴室继续看书——或许看的是另一本书。此时,金格正在卧室睡觉。

下午早些时候,金格在浴室的地板上发现了埃尔维斯。埃尔维斯的情况很不妙,人们甚至摸不到他的脉搏。金格冲到电话旁,向楼上的人们求助。整个雅园陷入一片混乱,九岁的丽莎被吓坏了。没有人敢相信埃尔维斯已经死了。救护车很快赶到。医院的医生宣告他正式死亡之前,实施了长达一个半小时的抢救。

关于他死因的官方说法是心律失常。医生在他的胃里找到十四粒药,其中包括镇静剂、止痛药和抗抑郁药。这些都是他平时服用的药物。另外一些药则是他看完牙医之后,医生为他开的强力止痛药。关于药物跟他的死因究竟有什么关联,现在仍没有定论,但他的健康的确是被放纵生活和滥用药物毁掉的。

埃尔维斯似乎早已预感到自己的大限将至,他甚至声称会坦然接受死亡。另外,从他固执地按照自己的方式生活上,我们也可以看出一些端倪。在琳达·汤普森看来,他早已经意识到了自己的自我毁灭,但他就是不肯停下来。他在母亲祭日的当天痛苦得难以自拔。格拉迪丝于 1958 年 8 月 14 日去世,埃尔维斯的生命结束于 1977 年 8 月 16 日。

"我要跟你一起走啊,儿子!"弗农悲伤的哀号有些诡异,就像是曾经在雅园上踱来踱去的孔雀发出的令人脊背发凉的叫声。现在,草地被鲜花覆满了。在葬礼举行的前一天,约有五万名歌迷聚集在林荫道上,他们中有很多人获得允许穿过大门,到门廊的前面看一眼棺木中埃尔维斯的遗体。《孟菲斯半月报》(*Memphis Press-Scimitar*)写道:"埃尔维斯·普雷斯利大道上,一个孤独的生命结束了。"而《图珀洛日报》则直接宣称:"王者已死。"这个惊人的消息瞬间传遍了全世界,成为各大广播的新闻头条。吊唁和致敬铺天盖地,街头巷尾都能听到他的音乐。

他的葬礼盛大而又隆重,雅园的起居室里举行了一个漫长的追思会,还播放了埃尔维斯最喜欢的福音歌手的歌曲。然后,十七辆白色豪车组成的车队护送他的遗体去了墓地。"上校"帕克也出现在葬礼上,戴着一顶棒球帽,穿着泡泡纱的裤子。

埃尔维斯被葬在森林山公墓(Forest Hills Cemetery),他的母亲就葬在不远处。但几周之后,因为出现了多起蓄意破坏事件,埃尔维斯的遗体又被转移到雅园的冥想花园中。她母亲的遗骸也被转移到这里。两年后,弗农再一次心脏病发作,离开人世。埃尔维斯的祖母明尼·梅·普雷斯利于1980年去世,也被埋在了家人身边。为了纪念埃尔维斯失去的双胞胎兄弟杰西,墓群附近还特意摆放有一块墓碑。

尽管埃尔维斯未能战胜内心的恶龙,但他依然是深受欢迎的当代英雄之一。他一直都处于被抛弃的噩梦之中,尤其害怕失去歌迷和自己的显赫地位。对于公众给予的前所未有的赞赏,他并没有做好准备。他为名声所累,浪费了太多天赋。

事实上,是公众把他生吞活剥了。在神话中,英雄常常被当做牺牲品——也许是为了部落的兴盛,也许是出于心中的阴暗、嫉妒和占有欲,人们想要毁了那些为他们承担风险的人。在埃及,丰饶之神奥利西斯就曾被肢解,身体的各部分被散布在埃及各地。不管是在生前还是在死后,最能消费的"消费之王"埃尔维斯,最终也还是被公众消费了。

或者我们可以这样说:他一直都在思索人生最根本的问题,而聚光灯耀眼的光让他失去了判断力。埃尔维斯一向的行为表现,就好像根本没有什么能够束缚他。这是他的天赋,也是他的诅咒。他超乎寻常的渴望让他取得了意义非凡的成就。当埃尔维斯将他所接触过的音乐与自己天性中的矛盾、与彼此对立的种族阶层文化融合到一起时,一种极具激情的音乐形式形成了,这本身不就是一种显而易见的超乎寻常吗?但这样的超乎寻常取得了极大成功。打破音乐和社会上的障碍,无拘无束地享受自己的选择,一天之内送出十三辆卡车——埃尔维斯所有超乎寻常的举动都源自同样的冲动。他的天赋如此惊人,他的精神反复无常、不受拘束;也因此,他才会使上百万人的反抗情绪产生共鸣——尽管他也有自己的恐惧。埃尔维斯为了理解自己在世界上的位置,作了很多努力,但他也一直陷于跟一些因太复杂而无法掌控的事情的斗争中。

"上校"帕克意识到自己的"摇钱树"已经死去之后，又想出了另一个市场计划。得知埃尔维斯的死讯之后，他很快拨通了弗农的电话。他预见到，埃尔维斯即使去世了也能像活着时一样为他赚钱。但他需要弗农的签名，才能扩展自己对埃尔维斯业务的管理范围。很快，"上校"就到了雅园，穿着一件颜色明亮的夏威夷衬衫。悲痛中的弗农签署了协议，实际上那份协议允许"上校"永远持有埃尔维斯的收益。这份协议在弗农去世后，被法庭判为无效。20世纪80年代初期，法庭宣布有证据证明"上校""共谋、欺诈、误传、不守信用以及越权管理"，撤销了他对埃尔维斯的权益分割权；1973年关于买断埃尔维斯珍贵的老唱片产权的合同条款也遭到了法庭的质疑。1973年之后的所有版税均被判为埃尔维斯·普雷斯利的财产。

在丽莎成年之前，普丽希拉一直是遗嘱执行人。1984年，她将雅园变成了一个可以创收的事业，并保证了丽莎的继承权。雅园——一个真实的地方，埃尔维斯和父母、祖母曾在这里生活、死去、入土；到20世纪末，它成为了美国参观人数最多的私人住宅。

致 谢

写作本书的过程中有很多让人欣喜的经历，比如，能在孟菲斯待上一段时间。在此，向辛迪·哈森（Cindy Hazen）和麦克·弗里曼（Mike Freeman）致以特别的谢意，是他们让我和丈夫以及家里的宠物在他们家借宿了两个星期。他们在孟菲斯奥杜邦路上的房子，就是埃尔维斯在刚成名的1956年为父母买的那栋房子。能在那里居住是一件令人兴奋的事情，因为在我看来，奥杜邦路上的那段生活在埃尔维斯的生命中意义非凡。对于普雷斯利家的人来说，能够搬进一栋有四个卧室的大房子，也许是埃尔维斯的成功所带来的最令人兴奋的奖赏。接下来发生的事情，对于他们来说都太过复杂，他们也无法再感受到最初的那种激动。这栋房子跟1956年那时相比，几乎没什么变化，辛迪和麦克也用心地将房子布置成埃尔维斯曾经居住时的样子。剥落的墙皮下，你还能看到原来的墙纸;当年普雷斯利家安的低矮的砖石—锻铁管的栅栏还立在房子周围,只是房间里音符类的装饰物都不见了;在那张埃尔维斯身穿金叶装饰的著名照片中出现过的白色壁炉,仍立在那里;游泳池也一直可以使用。当年普雷斯利家的人种下的橡树和桦树,如今树冠繁茂,覆盖着整个院子。住在这栋房子里可以帮助我想象1956年埃尔维斯和父母拥有新泳池时的兴奋,也可以想象挤在车道上的歌迷,甚至可以想象格拉迪丝在光鲜、现代化的厨房里忙碌,而埃尔维斯则懒洋洋地躺在床上阅读歌迷来信——周围堆满了泰迪熊。最深刻的印象则是,他们的生活有着怎样翻天覆地的变化。

在奥杜邦路上的房子住了一年之后,普雷斯利家的人搬进了更大的房子。在了解了埃尔维斯的梦想和奥杜邦路上的房子只是他们的跳板之后,你才会理解雅园对他们来说有多么重要。雅园的工作人员允许我一次又一次地在房子和博物馆里逡巡,这里有丰富的线索引发你对埃尔维斯的生活和野心的想象。一次拜访根本无法了解透彻。所以很感谢杰克·索顿(Jack Soden)、鲍比·戴维斯(Bobby Davis)和拉·沃农·高(La Vonne Gaw)。

彼得·古拉尔尼克所著的两卷本埃尔维斯传记《去

往孟菲斯的最后一趟火车》(*Last Train to Memphisand*)和《淡漠的爱》(*Careless Love*),是一个很重要的事实来源。由于他对埃尔维斯的职业、音乐和生活有透彻研究,我经常到他的书里寻找定论和素材。当我开始写埃尔维斯生活与音乐的细节时,彼得慷慨并热情地给予我指导,对此我十分感谢。他不仅在信息源的可靠性上给了我建议,帮我理出了一些探寻的脉络和途径,还仔细地纠正了我手稿中的细节错误,尽管他并没有义务为我挑错误。

以下是写作中的其他一些参考书:

《埃尔维斯的每一天》(*Elvis Day by Day*),彼得·古拉尔尼克和恩斯特·约根森(Ernst Jorgensen)合著。这本书对于了解埃尔维斯的生平是一个不可或缺的指引。

阿拉娜·纳什(Alanna Nash)的《埃尔维斯·亚伦·普雷斯利》(*Elvis Aaron Presley*)中有对"孟菲斯黑手党"三名成员的访问,对我的写作非常有帮助。

伊莲恩·邓迪(Elaine Dundy)的《埃尔维斯与格拉迪丝》对于塑造埃尔维斯母亲形象以及描述他在图珀洛的早期生活,都十分有用。

对于了解埃尔维斯的早期生活,其他一些书也为我提供了帮助:埃尔维斯的表兄吉恩·史密斯所著的《埃尔维斯的得力助手》(*Elvis's Man Friday*);还有比尔·E·伯克(Bill E. Burk)的一些书,他很早就认识埃尔维斯,还从图珀洛和休姆斯高中的同学那里收集了照片与埃尔维斯的往事。

恩斯特·约根森的《埃尔维斯·普雷斯利:音乐人生》(*Elvis Presley: A Life in Music*),是一份精密的年表,里面有对埃尔维斯的录音生涯的详尽描述。

朱恩·胡安妮可的回忆录《朦胧记忆中的埃尔维斯》(*Elvis In the Twilight of Memory*),很感人地讲述了她在1956年那个难忘的夏天跟埃尔维斯发生的一段情。她很优雅地回复了我的各种询问,对此我深表感激。

伊戈尔·克劳格的《埃尔维斯与尼克松会晤记》(*The Day Elvis Met Nixon*)对于1970年埃尔维斯与尼克松的会面进行了详尽的描述,另外还有照片记录了当时的场景和这一值得纪念的事件。

格瑞尔·马库斯(Greil Marcus)的《神秘火车》(*Mystery Train*)中有一篇《天才普雷斯利》("Presliad"),完美地阐述了埃尔维斯天赋中包含的能量、神秘感以及天赋本身的重要性。

戴夫·玛希(Dave Marsh)的《埃尔维斯》(*Elvis*)

对于深入了解埃尔维斯的人格特质——既是一个南方人，同时又是一名美国英雄——有着特别的价值。

艾尔弗雷德·沃斯米尔的《1956年的埃尔维斯》中有很多埃尔维斯当年的照片，来自沃斯米尔跟随埃尔维斯一同回家时视角独特的拍摄。我仔细地观察了这些照片，尤其是那些在奥杜邦路上拍摄的，这对我想象埃尔维斯当年的生活非常有帮助。

贝基·炎西（Becky Yancey）曾是雅园的秘书之一，她的《我跟埃尔维斯在一起的生活》（*My Life with Elvis*）为我提供了当年雅园里很多有趣、精彩的生活片段。特别是对于埃尔维斯的父亲弗农，她有深入的了解。

对于埃尔维斯跟披头士的见面，我从多方获得了资源，其中包括《披头士文集》（*The Beatles Anthology*）和克里斯·哈钦斯（Chris Hutchins）的《埃尔维斯与披头士的会面》（*Elvis Meets the Beatles*）。

我还要感谢那些欢迎我拜访并为我解惑的人，他们是：密西西比州图珀洛瑞德百货商店—桉树书店的老杰克·里德（Jack Reed Sr.）和小杰克·里德（Jack Reed Jr.）；图珀洛五金商店的莱昂·莱利（Leon Riley），埃尔维斯在这里买了他的第一把吉他；来自密西西比（牛津）

的查尔斯·里根·威尔森（Charles Reagan Wilson），他在南方文化研究中心工作；密西西比大学威廉姆斯图书馆特藏室的詹妮弗·福特（Jennifer Ford）和李·麦克怀特（Lee McWhite）。特别感谢保罗·扬德尔，埃尔维斯1955年至1956年巡演的时候，他曾是"深情兄弟"乐队的吉他手。他为我讲述了埃尔维斯最初登上舞台时的一些逸事以及目睹的过程——这段时间没有影音资料留存。

还要感谢迈克尔·伯特兰、艾瑞卡·布雷迪（Erika Brady）、杰瑞·克罗齐菲尔德（Jerry Crutchfield）、阿兰·费什米尔（Allan Fesmire）、韦德·豪尔·贝弗利（Wade Hall Beverly）、哈尔珀恩（Halpern）、拉马尔·赫林（Lamar Herrin）、亚伦·哈钦斯（Aaron Hutchings）、朱恩·胡安妮可、格瑞尔·马库斯、戴夫·玛希、盖伊·门德斯（Guy Mendes）、梅勒夫妇（Corey and Cheryl Mesler）、阿拉娜·纳什（Alanna Nash）、克里斯托弗·谢伊（Christopher Shay）、查尔斯·K·沃尔夫（Charles K. Wolfe）。

资料索引

参考文献

Bertrand, Michael. *Race, Rock, and Elvis*. University of Illinois Press, 2000.

Bova, Joyce, as told to William Conrad Nowels. *Don't Ask Forever: My Love Affair with Elvis*. Kensington Books, 1994.

Burk, Bill E. *Early Elvis: The Humes Years*. Red Oak Press, 1990.

——. *Early Elvis: The Sun Years*. Propwash Publishing, 1997.

——. *Early Elvis: The Tupelo Years*. Propwash Publishing, 1994.

Chadwick, Vernon, ed. *In Search of Elvis*. Westview Press / HarperCollins, 1997.

Clayton, Rose, and Dick Heard, eds. *Elvis Up Close*. Turner Publishing, 1994.

Curtin, Jim, with Renata Ginter. *Elvis: The Early Years: A 2001 Fact Odyssey*. Celebrity Books, 1999.

Dundy, Elaine. *Elvis and Gladys*. Macmillan, 1985.

Escott, Colin, and Martin Hawkins. *Good Rockin' Tonight: Sun Records and the Birth of Rock'n'Roll*. St. Martin's Press, 1991.

Geller, Larry, and Joel Spector with Patricia Romanowski. *"If I Can Dream": Elvis' Own Story*. Simon & Schuster, 1989.

Gregory, Neal, and Janice Gregory. *When Elvis Died*. Communications Press, 1980.

Guralnick, Peter. *Careless Love: The Unmaking of Elvis Presley*. Little, Brown, 1999.

——. *Last Train to Memphis: The Rise of Elvis Presley*. Little, Brown, 1994.

—— and Ernst Jorgensen. *Elvis Day by Day*. Ballantine Books, 1999.

Hopkins, Jerry. *Elvis*. Simon & Schuster, 1971.

Hutchins, Chris, and Peter Thompson. *Elvis Meets the Beatles*. Smith Gryphon, 1995.

Israel, Marvin. *Elvis Presley 1956*. Photographs by Marvin Israel. Edited and designed by Martin Harrison. Harry N. Abrams, 1998.

Jorgensen, Ernst. *Elvis Presley: A Life in Music: The Complete Recording Sessions*. St. Martin's Press, 1998.

Juanico, June. *Elvis: In the Twilight of Memory*. Arcade Books, 1997.

Krogh, Egil "Bud." *The Day Elvis Met Nixon*. Pejama Press, 1994.

Logan, Horace, with Bill Sloan. *Elvis, Hank, and Me: Making Musical History on the Louisiana Hayride*. St. Martin's Press, 1998.

Lomax, Alan. *The Land Where the Blues Began*. Dell, 1993.

Marcus, Greil. *Dead Elvis*. Doubleday, 1991.

——. *Mystery Train*. 4th rev. ed. Penguin, 1997.

Marsh, Dave. *Elvis*. Times Books, 1982.

Moore, Scotty, as told to James Dickerson. *That's Alright, Elvis: The Untold Story of Elvis's First Guitarist and*

Manager, Scotty Moore. Schirmer, 1997.

Nash, Alanna, with Billy Smith, Marty Lacker, and Lamar Fike. *Elvis Aaron Presley: Revelations from the Memphis Mafia*. HarperCollins, 1995.

Presley, Priscilla Beaulieu, with Sandra Harmon. *Elvis and Me*. G. P. Putnam's Sons, 1985.

Quain, Kevin, ed. *The Elvis Reader: Texts and Sources on the King of Rock 'n' Roll*. St. Martin's Press, 1992.

Smith, Gene. *Elvis's Man Friday*. Light of Day Publishing, 1994.

Stern, Jane, and Michael Stern. *Elvis World*. Alfred A. Knopf, 1987.

Vellenga, Dirk, with Mick Farren. *Elvis and the Colonel*. Delacorte, 1988.

Wertheimer, Alfred, with Gregory Martinelli. *Elvis '56: In the Beginning*. Collier Books Macmillan, 1979.

West, Red, Sonny West, and Dave Hebler, as told to Steve Dunleavy. *Elvis, What Happened?* Ballantine Books, 1977.

Yancey, Becky, with Cliff Linedecker. *My Life with Elvis*. St.

Martin's Press, 1977.

影像资料：表演以及纪录片

Elvis from the Waist Up

Elvis '56

The '68 Comeback Special

Elvis: The Great Performances

Elvis: One Night with You

Live at Madison Square Garden

Aloha from Hawaii

The Alternate Aloha

Elvis : That's the Way It Is，MGM，1970

Elvis in Hollywood (AMC)

录音资料

Playing with Fire: The Complete Louisiana Hayride Archive

The Complete Fifties Masters

The Complete Sixties Masters

The Complete Seventies Masters

Amazing Grace

Million Dollar Quartet

Suspicious Minds : The Memphis 1969 Anthology

电影

Love Me Tender

Loving You

Jailhouse Rock

King Creole

Flaming Star

Wild in the Country

Viva Las Vegas

Change of Habit

企鹅人生
Penguin Lives

乔伊斯	[爱尔兰]埃德娜·奥布赖恩　著
简·奥斯丁	[加]卡罗尔·希尔兹　著
佛陀	[英]凯伦·阿姆斯特朗　著
马塞尔·普鲁斯特	[美]爱德蒙·怀特　著
伍尔夫	[英]奈杰尔·尼科尔森　著
莫扎特	[美]彼得·盖伊　著
安迪·沃霍尔	[美]韦恩·克斯坦鲍姆　著
达·芬奇	[美]舍温·努兰　著
猫王	[美]鲍比·安·梅森　著
圣女贞德	[美]玛丽·戈登　著

Simplified Chinese Copyright © 2014
by SDX Joint Publishing Company
All rights reserved.
本作品中文简体版权由生活·读书·新知
三联书店所有。
未经许可,不得翻印。

First published in the United States under
the title of **Elvis Presley** by **Bobbie Ann
Mason**.
Published by arrangement with
**Lipper Publications, L.L.C and Viking,
a member of PENGUIN GROUP (USA) Inc.**
All rights reserved.

A Lipper / Penguin Book

"企鹅"及其相关标识是企鹅图书有
限公司已经注册或尚未注册的商标。
未经允许,不得擅用。
封底凡无企鹅防伪标识者均属未经授
权之非法版本。

图书在版编目(CIP)数据

猫王/(美)梅森著;谢仲伟译.
—北京:生活·读书·新知
三联书店,2014.9
(企鹅人生)
ISBN 978-7-108-05105-9

Ⅰ.①猫… Ⅱ.①梅… ②谢…
Ⅲ.①普莱斯利,A.(1935~1977)—传记
Ⅳ.① K837.125.76

中国版本图书馆 CIP 数据核字(2014)
第 168800 号

总 译 审	胡允桓
策划编辑	刘 靖
责任编辑	颜 筝
特约编辑	赵 轩
装帧设计	蔡立国 索 迪
版式设计	薛 宇
封面版画	莫舜雯
责任印制	卢 岳
出版发行	生活·讀書·新知 三联书店
	北京市东城区美术馆东街 22 号
邮 编	100010
网 址	www.sdxjpc.com
图 字	01-2012-8488
经 销	新华书店
印 刷	北京市松源印刷有限公司
版 次	2014 年 9 月北京第 1 版
	2014 年 9 月北京第 1 次印刷
开 本	787 毫米×1092 毫米 1/32
字 数	120 千字 印张 8.625
印 数	0,001—8,000 册
定 价	39.00 元

印装查询:010-64002715
邮购查询:010-84010542